KB010792

Götzen–Dämmerung

oder

Wie man mit dem Hammer philosophiert

Friedrich Nietzsche

우상의 황혼

1판 1쇄 발행 2018년 5월 10일

지은이 | 프리드리히 니체
옮긴이 | 최순영
발행인 | 신현부

발행처 | 부북스
주소 | 04601 서울시 중구 동호로17길 256-15 (신당동)
전화 | 02-2235-6041
팩스 | 02-2253-6042
이메일 | boobooks@naver.com

ISBN 979-11-86998-63-2 04080

이 도서의 국립중앙도서관 출판예정도서목록(CIP)은 서지정보유통지원시스템 홈페이지
(http://seoji.nl.go.kr)와 국가자료공동목록시스템(http://www.nl.go.kr/kolisnet)에서 이용
하실 수 있습니다.(CIP제어번호: CIP2018013039)

부클래식

073

우상의 황혼

프리드리히 니체

최순영 옮김

부북스

차례

일러두기

■ 니체가 사용한 독일어 철자는 현대 독일어 문법에 맞게 수정하였다. philosophirt-〉 philosophiert가 그 예이다. 니체가 사용한 문장 부호(:,;) 는 문맥에 맞게 수정했다.

■ 니체는 종종 라틴어, 불어 등의 원문을 설명 없이 사용한다. 독자의 이해를 돕기 위하여 괄호 안에 원어를 삽입하였다. 독일어 또한 독자들의 이해를 돕기 위한 경우에 괄호 안에 원어를 부기하였다.

■《우상의 황혼》독일어 원본은 *Götzen-Dämmerung,* Friedrich Nietzsche, Kritische Studienausgabe in 15 Bänden, G. Colli u. M. Montinari hrsg., München/Berlin/New York[KSA], de Gruyter, 1988을 사용하였다.

머리말

니체는 1889년 1월 3일 이탈리아 토리노 알베르토 광장에서 졸도하여, 정신착란을 일으켰다. 이와 더불어 철학자로서 그의 삶은 끝이 난다. 그리고 니체는 1990년 8월 25일 긴 투병 생활 끝에 사망한다. 1888년 니체는 마치 자신의 파국을 예감한 듯 그의 말기 저작 6권을 집필한다.[1] 《우상의 황혼》은 1888년 니체가 스위스 실스 마리아에 머물면서 완성한 작품인데, 출판은 다음해 1889년 이루어진다.

니체하면 가장 먼저 우리에게 떠오르는 것은 '신은 죽었다'라는 문장일 것이다. 그러나 니체의 비판 정신은 비단 종교에 국한된 것이 아니었다. 니체의 서구 문명에 대한 철저하고 근원적인 비판은 모든 우상들—형이상학, 이성, 세계관, 도덕, 과학, 문화, 예술, 국가 등—에 대한 가차 없는 공격이었다. 《우상의 황혼》의 부제인 '어떻게 우리는 망치를 들고 철학하는가'는 이러한 맥락에서 이해될 수 있다.

니체의 문장은 압축적이고 시적인 경구(aphorism)들로 이루

---

1 《바그너의 경우》,《우상의 황혼》,《안티크리스트》,《이 사람을 보라》,《디오니소스 송가》,《니체 대 바그너》

어져 있다. 경구로 되어 있는 그의 문장을 이해하는 것은 결코 쉽지 않다. 니체는 이러한 사실을 잘 알고 있었다. 그래서 자신의 작품을 읽는 독자들에게 다음과 같이 충고하였다.

"경구 형식이 어려운 것은 오늘날 사람들이 이 형식을 충분히 진지하게 받아들이지 않기 때문이다. 제대로 표현되고 주조된 경구를 다 읽었다고 하더라도 그것은 아직 해독된 것은 아니다. 오히려 이와 더불어 해석의 기술이 요구되는, 경구의 해석이 시작되는 것이다……기술로서 독서를 연습하기 위해서는 오늘날 거의 잊혀져버린 것—잊혀져버렸기에 내 작품을 이해하기 위해서는 시간이 필요하다—에 대한 연습이 무엇보다 필요하다. 이 목표를 위해서 우리는 결코 현대인이어서는 안 되며, 우리는 되새김질을 하는 소처럼 되어야만 한다."

-프리드리히 니체《도덕의 계보》서문 중에서-

우상의 황혼

또는

어떻게 우리는 망치를 들고 철학하는가

서문

음울한 일, 대중에게 책임을 지는 일에서 명랑함을 유지한다는 것은 쉬운 재주가 아니다. 또한 명랑함보다 더 필요한 것이 무엇이 있겠는가? 호기부림(Übermut)의 역할 없이 성공하는 일은 없다. 남아돌 정도의 힘(Das Zuviel von Kraft)이야 말로 힘의 증거이다.—**모든 가치의 전도**, 이 질문은 너무나 어둡고, 무시무시해서 이 질문을 던지는 사람에게 그늘을 드리운다.—이러한 과제의 운명은 무거운 너무나 무거운 진지함을 털어버리도록, 매 순간 해를 향해 달리도록 그에게 강요한다. 이 과제를 위해 모든 수단은 정당화되고, 각각의 '경우'는 하나의 행운이다. 무엇보다 **전쟁**에서 그렇다. 항상 전쟁은 매우 내면화된, 매우 심오하게 된 정신의 위대한 지혜(Klugheit)이다. 부상을 당해도 아직 치유력이 있지 않은가. 내가 식자의 호기심에는 그것의 유래를 알려주지 않는 격언, 그것이 오래전부터 나의 좌우명이었다.

부상에 의하여 혼은 고양되고 덕은 자란다.[2]

    어떤 상황에서는 내가 더욱 소망하는 또 다른 형태의 쾌유를 나는 소원한다. 그것은 **우상들의 비밀을 캐묻는 것**이다. 세계에는 실재들(Realitäten)보다 우상들이 많다. 이 것이 내가 이 세계에 대한 **나의** '사악한 눈빛'이고, 또한 나의 '사악한 **귀**'이다……여기서 **망치**를 들고 한번 질 문을 던지면, 아마도 부풀어 오른 내장에서 이야기하는 저 유명하고 공허한 음성의 대답을 듣게 될 것이다.—이 소리는 귀 배후에 귀를 가진 자에게 얼마나 황홀한 것인 가—늙은 심리학자이며 유혹자인 나는 조용히 있기를 원 하는 바로 그것을 **시끄럽게 해야만 한다**.

    무엇보다도 이 책 역시—제목에서 알 수 있듯이—어 떤 휴식, 태양의 흑점, 어떤 심리학자의 여유로의 도약(ein Seitensprung in den Müßiggang)이다……이것은 아마도 새로운 전쟁이 아닐까? 그리고 새로운 우상들이 캐내어지지 않 을까?……이 소책자는 거대한 **선전포고**이다. 여기서 캐 내는 우상들은 시대의 우상들이 아니라, **영원한** 우상들 이다. 이 영원한 우상들은 소리굽쇠(Stimmgabel)와 같은 해

2　로마 시인 Aulus Furius Antias의 작품이 출처.

머에 의해 건드려질 것이다.—이보다 더 오래 되고, 더 설득력 있고, 더 거드름 피우는 우상들은 전혀 없다…… 또한 더 공허한 우상들도 없다…… 그렇다고 이 우상들이 **가장 믿을 만한 것**이라는 사실은 방해받지 않으며. 가장 고상한 우상인 경우, 사람들은 그것을 결코 우상이라고 말하지 않는다.

토리노

1888년 9월 30일

《**모든 가치의 전도**》라는 책, 제1부가 완성된 날에

프리드리히 니체

잠언과 화살

1. 여유로움은 모든 심리학의 시작이다. 뭐라고? 그래서 심리학은 어떤 악덕이란 말인가?

2. 우리 중에 가장 용감한 사람도 그가 진정 **알고 있는** 것에 대해서 용기를 보이는 경우는 드물다.

3. 아리스토텔레스는 "사람이 혼자 살기 위해서는 동물이거나 신이어야만 한다"고 하였다. 그러나 세 번째 경우가 빠졌다. 둘 다 이어야만 한다──**철학자**…

4. "모든 진리는 단순하다." 이것은 이중의 거짓말이 아닌가?

5. 최종적으로 나는 많은 것을 알고자 하지 **않는다**. 지혜는 또한 지식에 한계를 긋는다.

6. 사람이 자신의 비자연성, 정신성으로부터 자신을 가장

좋게 회복하는 곳은 자신의 야성적 본성이다.

7. 뭐라고? 인간이 신의 실수라고? 아니면 신이 인간의 실수라고?

8. **삶의 전쟁 학교에서**—나를 죽이지 않는 것은 나를 강하게 만든다.

9. 너 자신을 도와라. 그러면 모두가 너를 도울 것이다. 이웃 사랑의 원리

10. 사람이 자신의 행위에 대해서 어떤 비겁함도 범치 않는 것! 자신의 행위를 행위 이후에 곤경에 빠뜨리지 않는 것!—양심의 가책은 점잖지 못한 것이다.

11. **당나귀**가 비극적일 수 있는가?—자신이 나를 수도, 던져 버릴 수도 없는 짐 때문에 사람이 몰락한다는 것이 가능한가?……철학자의 경우.

12. 사람이 삶에 대해 자신의 '**왜**'를 가지고 있다면, 거의 모든 '**어떻게**'에 대해서 견뎌낼 수 있다. 사람은 행복을 추구

하지 **않는데**, 오직 영국인들만 행복을 추구한다.[3]

13. 남자가 여자를 창조했다.―어디서? 자기의 신의 갈빗대에서, 자신의 '이상(Ideal)'의 갈빗대에서.

14. 뭐라고? 네가 찾고 있다고? 네가 자신을 열배, 백배로 늘리고 싶다고? 네가 너의 추종자를 찾는다고?―차라리 무(Nullen)를 찾아라!―

15. 사후의 인간들―예를 들어, 나―은 시류에 영합한 인간들보다 잘 이해받지 못하나 그들보다 **더 경청된다.** 더 세게 말한다면, 우리는 결코 이해될 수 없다.―**그래서** 우리의 권위가……

16. 여자들 사이에서.―"진리요? 아 당신은 진리를 모르시는군요! 진리는 우리의 모든 **수치심**에 대한 암살이 아닌가요?"

17. 나는 자기 자신의 욕망을 절제하는 예술가를 사랑한다. 그는 빵과 예술 이 두 가지만을 진정으로 원한다,―**빵과 오락**(panem et Circen)……

---

3 행복을 최고선으로 추구하는 영국의 공리주의에 대한 니체의 비판.

18. 자신의 의지를 사물에 부여할 줄 모르는 자라도 적어도 하나의 **의미**는 그 속에 부여한다. 즉, 의지는 이미 사물 속에 있다고 그는 믿는다('믿음'의 원리).

19. 뭐라고? 너희들은 덕과 고양된 가슴을 택하면서 동시에 위험하지 않은 것의 이점들을 경멸하듯이 힐끔 쳐다본다는 말인가?—그러나 우리는 덕을 얻으면, '이점'들은 **포기한다**……(반유대주의자들의 대문에 써두기를).

20. 완전한 여자는 작은 죄를 범한 듯이 문학을 한다. 시험 삼아, 일시적으로 주변을 둘러본다. 혹 누군가가 그녀를 알아차리는지, 누군가가 그녀를 알아차렸음을 인지하면서……

21. 가짜 덕을 가져서는 안 되는 순수한 상황 속으로 뛰어든다는 것. 여기서 우리는 줄 타는 사람처럼, 줄에서 떨어지든가, 서있든가, 아니면 도망치든가 한다……

22. "악인들은 노래를 부르지 않는다."[4]—어찌하여 러시아인들이 노래를 부르게 되었나?

---

4 독일의 시인 J.G. Seume(1763-1810)의 시 'die Gesänge'(노래들)에 나오는 말.

23. '독일 정신': 지난 18년 동안의 **형용 모순.**[5]

24. 우리는 시초를 찾다가 게가 되어버린다. 역사가는 뒤를 돌아보다가 결국 뒤를 **믿게 된다.**

25. 만족은 감기를 막아준다. 옷을 잘 차려 입을 줄 아는 여자가 감기에 걸리던가?—나는 옷을 입지 않은 경우를 제시하고 있다.

26. 나는 모든 체계주의자들을 불신하고 이들을 피한다. 체계를 세우려는 의지에는 진실성이 결여되어 있다.

27. 우리는 여자는 깊이가 있다고 여긴다. 왜? 우리는 여자의 바닥에 도달하지 못하기 때문이다. 여자는 결코 얕지도 않다.

28. 여자가 남성적 덕을 갖고 있으면 우리는 그녀에게서 달아난다. 여자가 남성적 덕을 갖고 있지 않다면 여자는 자

---

5 《우상의 황혼》(1888년 출간)의 18년 전은 1871년 민족 국가로서의 독일 제국의 탄생을 가리킨다. 독일 제국에 대한 니체의 비판에 대해서는 최순영. 〈프리드리히 니체의 비스마르크 비판〉, 《니체연구》 제19권. 한국니체학회. 2011. 참조.

신에게서 달아난다.

29. "이전에 양심은 얼마나 씹을 것을 많이 가지고 있었던가? 양심은 참 좋은 이를 갖고 있지 않았나?—그런데 오늘날은? 뭐가 부족하지?"—어떤 치과 의사의 질문.

30. 사람이 경솔한 짓을 한 번만 저지르는 경우는 드물다. 첫 번째 경솔함에서 사람은 항상 너무 많은 짓을 한다. 그러므로 사람은 습관적으로 두 번째의 경솔함을 저지른다.—그리고 결국 사람은 너무 적게 행동한다.

31. 벌레는 밟히면 꿈틀거린다. 이를 통하여 벌레는 또 다른 자에게 밟힐 가능성을 줄인다. 벌레는 이렇게 영리하다. 도덕적인 용어로는, **겸손.**—

32. 예민한 명예 관념에서 오는 거짓과 허위에 대한 증오가 있다. 또한 신의 계명에 의해서 거짓이 **금지되어** 있기에 비겁함에서 오는 거짓과 허위에 증오가 있다. 거짓말을 하기에 겁이 너무 많다.

33. 행복을 위해서는 많은 것이 필요하지 않다. 백파이프의 소리.—음악이 없다면 삶은 오류일 것이다. 독일인들은

신(Gott)도 노래를 부른다고 생각한다.[6]

34. 앉아 있을 때에만 사유하고 쓸 수 있다.(G. 플로베르).—
이로써 나는 허무주의자 당신을 잡았다! 앉아서 열심히 하는
짓은 신성한 정신에는 **죄**이다. 오직 **산책하며 하는** 사유만이
가치를 지닌다.

35. 우리 심리학자들이 말처럼 동요할 때가 있다. 우리는
우리 앞에 있는 자신의 그림자에 주목하면서 비틀거린다. 심
리학자가 무언가를 보기 위해서는 **자신을** 간과해야만 한다.

36. 우리 탈도덕주의자들(immoralisten)이 덕에 **해를 입히는
가?** 아나키스트들이 군주들(Fürsten)에게 해를 적게 입히는 만
큼 [우리도 덕에 해를 적게 입힌다.] 영주들이 저격당한 후에, 그들
은 권좌에 더 확고히 앉는다. 교훈: **우리는 도덕을 저격해야
만 한다.**

37. 네가 **앞서서** 달리고 있다고?—목자로서 그렇게 하고
있다고? 또는 예외로서? 세 번째 경우는 아마도 도주자일 것

---

6 "독일인들이 혀를 놀리면, 신도 하늘에서 노래를 부른다." E. M.
Arndt(1769-1860) '조국 독일'(1813) 총 10절의 시 중에서 7절의 가사의 한 부
분이다. (So weit die deutsche Zunge klingt Und Gott im Himmel Lieder singt)

이다……양심에 관한 **첫 번째** 질문.

38. 네가 진짜인가? 아니면 단지 배우인가? 어떤 대리인 또는 대리된 것 자체인가?—결국 너는 단지 모조된 배우에 불과한 것인가……양심에 관한 **두 번째** 질문.

39. 실망한 자가 말한다.—나는 위대한 인간을 찾고자 하였다, 하지만 나는 늘 위대한 인간에 대한 이상(Ideal)의 **원숭이**들만 발견할 뿐이다.

40. 너는 방관자인가? 아니면 관련자인가?—또는 외면하는 자, 떠나버리는 자인가?……양심에 관한 **세 번째** 질문.

41. 너는 함께 가기를 원하는가? 아니면 앞서 가기를 원하는가? 아니면 홀로 가기를 원하는가?……우리는 우리가 **무엇**을 원하는지 그리고 우리가 원하고 있다는 **것**을 반드시 알아야만 한다. 양심에 관한 **네 번째** 질문.

42. 나에게 계단들이 있었다. 나는 그것에 올라섰고, 그것을 지나가야 했다. 그러나 계단들은 내가 자기들 위에 앉아 휴식한다고 여겼던 것이다.

43. 내가 옳다는 것이 뭐가 그리 중요한가? 나는 **지나칠 정도로** 옳다. 그리고 오늘 가장 잘 웃는 자가 또한 최후에도 웃을 것이다.

44. 내 행복의 공식: 하나의 예, 하나의 아니오, 하나의 직선, 하나의 **목표**……

소크라테스라는 문제

1.

모든 시대의 가장 현명한 자들은 삶에 대하여 똑같은 판단을 내렸다. **삶은 별 쓸모가 없다** …… 늘 어디서나 우리는 똑같은 소리를 들었다,—의혹 가득한, 우울 가득한, 삶에 대하여 피로감 가득한, 삶에 대하여 적대 가득한 소리. 소크라테스조차 "삶은 고질병이다. 그래서 나는 구원자 아스클레피오스에게 수탉 한 마리를 빚졌다."라고 죽을 때 말했었다. 그는 삶에 넌더리가 났었던 것이다. 이것이 우리에게 무엇을 **증명하는가?** 이것이 우리에게 무엇을 **보여주는가?**—예전에 이미 사람들은—'오 우리 염세주의자들이여 전진'이라고 충분히 크게 말했었을지도 모른다. "여기에 무언가 진실이 분명히 있다! **가장 현명한 자들의 동의**가 진리를 증명한다."— 오늘날도 여전히 우리는 저렇게 말해도 **될까?** "여기엔 분명히 어떤 **병적인** 것이 틀림없이 있다."—우리가 대답해보자. 무엇보다도 **우리는** 모든 시대의 가장 현명한 자들을 가까이서 보아야 한다! 아마도 저들 모두는 더이상 두 발로 굳건히 서있지 못했던 것은 아닐까? 늦었나? 비틀거리나? **데카당**한가? 아마도 진리는 썩은 짐승 고기 냄새에 현혹된 까마귀처럼 지구상에 나타난 것은 아닐까?……

2.

위대한 현자(die großen Weisen)들이 **몰락의 유형들**이라는 이 불경스러운 사실은, 무엇보다도 유식한 또는 무지한 편견이 이 사실에 가장 강력히 반대하는 경우에, 나에게 분명히 드러났다. 나는 소크라테스, 플라톤을 쇠락의 징후로, 그리스 해체의 도구로, 가짜 그리스적인 것으로, 反그리스적인 것으로 인식했었다.(《비극의 탄생》1872) 저 **현자들의 동의**—이를 나는 점점 더 잘 파악하고 있다—가 이들이 의견일치 했던 것이 옳다는 것을 전혀 입증하지 않는다. 오히려 이 동의는 **생리학적으로** 볼 때 똑같은 방식으로 삶에 대해서 부정적이었음을, 부정적일 수밖에 없었음을 증명한다. 판단들, 삶에 관한 긍정적 또는 부정적 가치 판단은 결코 진실될 수 없다. 이 것들은 오직 징후로서만 가치를 지니며, 징후로서만 고려될 수 있다,—이것들 그 자체는 어리석음일 뿐이다. 우리는 **삶의 가치라는 것은 평가될 수 없는 것**이라는 놀라운 미묘함을 이해하기 위하여 우리의 손가락을 펼쳐야만 한다. 이해 당사자이며, 더욱이 투쟁의 객체인 살아 있는 자는 삶의 가치 평가를 할 수 없다. 그는 심판관이 될 수 없기 때문이다. 다른 근거에서 죽은 자도 이를 할 수 없다. 철학자가 삶의 **가치**를 가지고 문제를 본다면 그것은 그에 대한 반론이며, 그의 지혜와 무지에 대한 의문 부호이다.─뭐라고? 이 모든 현명한 자들은 단지 데카당한 자들이었을 뿐만 아니라─그들은 결코 현명한 적이 없지 않았느냐?─또다시 나는 소크라테스라는 문제로 되돌아간다.

3.

소크라테스는 최하층 출신(Herkunft)에 속했다. 소크라테스는 천민이었다. 우리는 여전히 그가 얼마나 못 생겼는지 직접 볼 수 있다. 못 생김은 그리스인들 사이에서는 하나의 반증이며, 거의 반박이라 할 수 있다. 소크라테스가 과연 그리스인이었던가? 못 생김은 자주 혼혈에 의한 발육 **장애**의 표현으로 드러난다. 다른 경우에 못 생김은 발육 **쇠퇴**를 나타낸다. 범죄학 인류학자들은 전형적인 범죄자는 못생겼음을 우리에게 알려준다. **외모도 괴물, 영혼도 괴물**(monstrum in fronte, monstrum in animo). 그런데 범죄자들은 퇴폐적인 사람들이다. 소크라테스는 전형적인 범죄자였던가?─적어도 이는 소크라테스의 친구들에게는 불쾌하게 들렸던 저 유명한 관상가의 판단과는 상치되지 않을 것이다. 관상을 볼 줄 아는 어떤 외국인이 아테네를 지나가다가 소크라테스의 면전에 대고 그는 **괴물**이며, 그는 모든 나쁜 악덕과 욕망을 자신 안에 갖고 있다고 말했었다. 그리고 소크라테스는 단순히 이렇게 대답하였다. "선생님! 당신은 나를 아는군요."

4.

소크라테스의 데카당스에 단지 본능들의 무질서(Wüstheit)와 무정부(Anarchie) 상태만이 해당되는 것만이 아니라 논리의 과잉과 비꼬는 악의 또한 그 특징으로 한다. 게다가 우리는 종교적으로 '소크라테스의 혼(다이몬)'이라고 해석되는 환청을 잊어서는 안 된다. 그와 관련하여 모든 것이 과장되고, **광대놀음이며**, 소크라테스에 대한 풍자화이며, 동시에 모든 것은 감추어져 있고, 저의(hintergedanklich)를 띠며, 지하적이다.―나는 어떤 특이함에서 소크라테스의 '이성 = 덕 = 행복'이라는 등식이 비롯되었는지 파악하고자 한다. 이제까지 있은 것 중에서 가장 기이한 저 등식은 특별히 고대 그리스인의 본능에 반대되는 것이다.

5.

소크라테스와 더불어 그리스적 취향은 변증술(Dialektik)에 유리한 쪽으로 급변했다. 도대체 무슨 일이 일어난 것인가? 무엇보다도 **고귀한** 취향이 정복당해 버렸다. 천민이 변증술과 더불어 꼭대기로 상승했다. 소크라테스 이전에는 좋은 모임에서 변증술적 태도는 배척되었다. 이러한 태도는 나쁜 태도로 여겨졌고, 약점 들추기였다. 사람들은 젊은이들에게 이러한 태도에 대해서 주의하도록 경고하였다. 또한 사람들은 이런 방식으로 제시되는 모든 근거를 불신하였었다. 정직한 사람이 정직한 물건들을 나르듯이 정직한 사람은 그들의 근거를 저렇게 제시하지 않는다. 손가락 다섯 개 전부를 보여주는 것은 무례한 짓이다.[7] 먼저 스스로 자신을 증명해야만 하는 것은 가치 없는 것이다. '근거를 제시하는 것보다' 명령을 내리는 권위(Autorität)가 좋은 풍속에 속하는 모든 곳에서 변증가는 우스꽝스러운 자이다. 사람들은 그를 비웃고, 그를 진지하게 여기지 않는다.—소크라테스는 **자신을 진지하게 받아들여지도록 만든** 우스꽝스러운 자였다. 도대체 여기서 무슨 일이 생겼던 것일까?

6.

사람들은 다른 방법이 없을 경우에만 변증술을 선택한다. 사람들은 변증술이 불신을 자극하며, 별 설득력이 없다는 것을 안다. 변증술자의 효과만큼 쉽게 지워버릴 수 있는 것은 없다. 대화가 있는 회합에서의 경험은 이를 증명한다. 변증술은 더이상 다른 무기를 지니지 못한 자들의 손에 주어지는 **긴급 방어책**일 뿐이다. 사람들은 그들의 권리를 **강요해야만** 한다. 그렇지 않다면 변증술은 무용지물일 뿐이다. 그

---

7 그리스에서 손가락을 다섯 개를 모두 펴서 상대방에게 손바닥을 보여주는 것은 상대방에 대한 모욕이다.

래서 유태인들은 변증술자들이었던가. 라이네케의 여우[8]가 변증술자였다. 뭐라고 소크라테스도 마찬가지라고?—

7.

소크라테스의 아이러니는 천민의 **원한**에서 비롯되는 반란의 표현인가? 그는 억압받는 자로서 삼단논법의 비수라는 자신의 흉포함을 즐기고 있지 않는가? 그는 자신이 매혹시킨 고귀한 자들에게 복수하는 것이 아닌가?—변증술가라는 사람은 무자비한 도구를 손에 쥐고 있다. 그 도구로 그는 폭군을 만들어낸다. 그는 승리하면서 자신을 웃음거리로 만든다. 변증술가는 자신이 바보가 아님을, 자기의 적수에게 자신이 바보가 아니라는 증거를 남긴다. 그는 격분하게 만들고 동시에 무력하게 만든다. 변증술가는 적수의 지성을 **무력화한다**.—뭐라고? 변증술은 소크라테스식 **복수**의 한 형식일 뿐이라고?

8.

나는 소크라테스가 무엇을 가지고 반박하였는지에 대하

---

8 라이네케의 여우(Reinecke Fuchs)는 유럽 중세로부터 유래되는 시와 산문으로 구성된 서사시의 중요 등장인물이다. 이야기의 대략은 범법자 여우 라이네케는 천재적인 거짓말과 탁월한 악의로 곤란한 지경에서 빠져나오며, 결국 자신의 적에게 승리를 거둔다는 내용이다. 괴테는 12개의 노래들로 구성된 서사시 여우 라이네케를 1794년 출판하였다.

여 설명하였다. 좀 더 분명히 설명되어야 할 점은 소크라테스가 매혹시킨 방법이다. 그는 새로운 종류의 **경쟁 방식**을 발견하였다. 그리고 그는 아테네 귀족층에게 최초의 펜싱 사범이 되었다. 이 점이 하나의 포인트이다. 그는 그리스인들의 경쟁 충동을 건드리면서 그들을 매혹시켰다. 그는 젊은 남자들과 청년 사이의 레슬링 경기에 변화를 주었다. 소크라테스는 또한 대단한 **호색한**이었다.

9.

그런데 소크라테스는 더 많은 것을 짐작하고 있었다. 그는 아테네 귀족들의 **배후를** 보았던 것이다. 그는 자신의 특이함이 예외가 아님을 알아챘던 것이다. 쇠락과 유사한 징후들은 이미 곳곳에 조용히 존재하고 있었다. 이전의 아테네는 종말을 고했다.—그리고 소크라테스는 세상이 자신을 필요로 한다는 것을 이해하였다.—자신의 방법, 자신의 치유, 자기 보존을 위한 자신의 기교가 필요하다는 것을…… 도처에서 본능들은 무정부 상태이었다. 곳곳에서 사람들은 과도함에서 다섯 발자국이나 더 떨어져 있었다. **영혼 속의 괴물이** 보편적 위험이었다. "충동들은 폭군이 되고자 하였다. 사람들은 폭군보다 더 강한 **폭군에 대한 적대자를** 발명해야만 했다."……

이전에 관상쟁이가 소크라테스가 어떤 사람인지, 즉 모

든 나쁜 욕망들의 소굴임을 폭로하였을 때, 위대한 풍자가인 소크라테스는 자신을 이해하는 열쇠가 되는 말을 널리 알려지게 하였다. 그는 말하였다. "이건 진실이다. 그러나 나는 이 욕구들의 지배자가 되었다." **어떻게** 소크라테스는 **자신에 대한** 지배자가 되었던가?—소크라테스의 경우는 본질적으로 극단적인 경우이며, 단지 당시에 시작되었던 일반적인 비상사태 중에서 가장 눈에 두드러진 경우였다. 당시 아무도 자신의 주인이 되지 못한 상태였고, 본능들은 서로 **적대적으로** 되었다. 소크라테스는 이 극단적인 경우로서 사람들을 매혹시켰었다.—공포를 야기하는 그의 추함은 모든 사람들에게 그의 본질을 말해주었다. 명백히 그가 이러한 상황에 대한 답변으로서, 문제 해결로서, **치유**의 외관으로서 보다 강력하게 사람들을 매혹시켰던 것이다.

10.

소크라테스의 경우처럼, 사람들이 **이성**을 폭군으로 만들어 낼 필요가 있다면, 또 다른 무엇인가를 폭군으로 만들 위험은 결코 적은 것은 아닐 것이다. 그때 이성성은 **구원자**이었으며, 소크라테스와 그의 환자들은 이성적임과 관련하여 선택권이 없었다. 그것은 **필연적인** 것이었으며, **최후의** 수단이었다. 그리스적 사유 전체를 이성성에 투여하는 광신은 어떤 위기 상황을 나타낸다. 그리스인들은 위험에 처했었다,

그들은 단지 하나의 선택만을 갖고 있었다. 멸망하든지 아니면—**괴상하게 이성적으로 되든지**…… 그리스 철학의 도덕주의는 플라톤부터 병리학적으로 결정되었다. 변증술의 이성 = 덕 = 행복이라는 가치 평가처럼. 이성 = 덕 = 행복이라는 등식은 사람들은 소크라테스를 모방해야만 하고, 어두운 욕망들에 대항하여 영원한 **빛**을 비추어야만 한다는 것을 뜻한다.—이성의 빛. 사람들은 무슨 수를 써서라도 현명하고, 분명하고, 밝아야만 한다. 본능들과 무의식적인 것에 대한 굴복은 **몰락하는 것이다**……

11.

나는 소크라테스가 무엇으로 사람들을 매료시켰는지를 설명했다. 그는 의사처럼 구원자처럼 보였던 것이다. '어떠한 대가를 치르더라도 합리성'이라는 그의 신조에 놓여있는 오류를 새삼 지적할 필요가 있겠는가? 데카당스를 상대로 한 전쟁이 곧 데카당스로부터의 탈출을 의미한다고 생각하는 것은 철학자들과 도덕주의자들의 자기기만이다. 탈출은 그들 능력 밖의 일이다. 그들이 수단과 구원으로 선택한 것은 데카당스의 재현일 뿐이다. 그들은 표현을 **바꾸었을** 뿐, 데카당스를 없애지 못했다. 소크라테스는 어떤 오해이다. **기독교 도덕을 포함하여, 모든 인류 개선의 도덕**(Die ganze Besserungs-Moral)**은 오해일 뿐이다.** 가장 눈부신 빛, 즉 어떠한 대가를 치르더라도 합리성, 밝은 삶, 냉철한 삶, 조심스러운 삶, 의식적 삶, 그러나 본능이 없는 삶, 본능에 대적하는 삶은 이미 어떤 질병, 또 다른 질병이었다. 이것은 결코 '덕', '건강', 행복으로의 귀환이 아니었다. 본능들과 맞서 싸워야만 **한다**. 이것은 데카당스를 위한 공식(Formel)이다. 삶이 **상승하는** 한, 행복은 본능과 같은 것이다.

12.

자기 기만자 중에서 가장 영리했던 소크라테스는 자기 자신을 이해했을까? 그는 자신의 용감한 **지혜** 속에서 죽는다고 자신에게 말했던가? 소크라테스는 죽기를 **원했던 것이다**. 아테네가 아니라 소크라테스 **자신이** 자기에게 독배를 주었고, 아테네가 그에게 독배를 주도록 강제했던 것이다. '소크라테스는 결코 의사가 아니었다.' 그는 자신에게 조용히 속삭였다. '죽음만이 의사이다. 소크라테스는 오랫동안 병들어 있었을 뿐이다.'

철학에서의 이성

1.

철학자들의 특이함이 무엇이냐고 내게 묻는가? 예를 들면 역사적 감각의 결여, 생성에 대한 적대감, 이집트주의가 그것이다. 이들은 **'영원이라는 관점에서'** 어떤 사물을 탈역사화함으로써 그것에 **명예**를 부여한다고 믿지만, 사실은 이를 통해 미라를 만드는 것이다. 수천 년 동안 철학자들이 한 모든 작업은 개념의 미라를 만드는 것이었다. 이들의 손으로부터 살아있는 현실은 도무지 나오지 않았다. 개념 우상숭배자들인 철학자들이 숭배할 때면, 이들은 죽이고, 박제화 하였다. 이들이 숭배하면 모든 것의 생명이 위험에 처한다. 죽음, 변화, 늙음 그리고 생식, 성장은 이들에게는 이의 제기이며 반론이다. 존재는 **생성되지** 않고, 생성은 **존재하지** 않는다. 드디어 이들은 모두 절망적으로 존재자를 믿는다. 그러나 이들은 존재자를 파악할 수 없기에 존재자가 그들에게 숨겨져 있는지에 대한 이유를 찾게 된다. "가상(Schein)은 분명히 있다, 현혹하는 자가 있어서 우리가 존재자를 인지하지 못하는 것이다. 현혹자는 어디에 숨어 있는가?" 이들은 속이는 자인 감각을 "찾았다"고 기뻐하며 외친다. "감각은 여하튼 **매우 비도덕적이라서** 우리에게 **참된** 세계를 속인다. 교훈: 감각, 생성, 역사, 거짓으로부터 이탈, 역사는 감각에 대한 신뢰, 거짓에 대한 신뢰일 뿐이다. 교훈: 감각을 신뢰하는 모든 사람에게, 인류의 나머지 전체, 즉 '민중'에게 아니라고 말하라. 철학자여라, 미라여라, 무덤 파는 자의 표정으로 단조로운 유신론을 표현하라! 그리고 무엇보다도 육체를 떠나라, 가련한 감각의 **고정 관념**으로부터 떠나라! **육체** 자신이 실제로 존재한다는 듯이 뻔뻔스럽게 행동하지만, 온갖 논리적 오류에 사로잡혀 있으며, 반박되고 심지어 존재 불가능한 육체를 떠나라!"

2.

존경하는 **헤라클레이토스**는 여기서 예외로 한다. 철학자 무리가 다수성과 변화를 나타낸다고 하여 감각들의 증거를 거부했다면, 헤라클레이토스는 이들 철학자 무리가 사물은 지속성(Dauer)과 통일성(Einheit)을 지니는 것처럼 여긴다고 하여 그 증거를 거부하였다. 헤라클레이토스 또한 감각을 부당하게 다루었다. 감각은 엘레아학파가 믿었던 것처럼 거짓말을 하지 않고, 또한 헤라클레이토스가 믿었던 것처럼 거짓말을 하지도 않는다. 감각은 전혀 거짓말을 하지 않는다. 감각의 증거로부터 우리가 거짓말을 만든 것이다. 예를 들면 통일성, 사물성, 실체, 지속성이라는 거짓말이 그것이다. 감각의 증거를 왜곡하는 원인은 '이성'에 있다. 감각이 생성, 경과, 변화를 가리키는 한, 감각은 거짓말을 하지 않는다. 그러므로 헤라클레이토스가 '존재는 공허한 허구'라고 한 것은 지극히 옳은 말이다. 가상 세계(Die scheinbare Welt)가 유일한 것이다. '진실된' 세계라는 것은 **삽입된 거짓**일 뿐이다.

3.

감각은 얼마나 섬세한 관찰 도구인가! 예를 들어 코는 이제껏 어떤 철학자도 경애와 감사를 표시한 바가 없고, 우리가 사용할 수 있는 가장 미묘한 도구이다. 코는 분광기조차 확인할 수 없는 미세한 운동의 차이를 포착한다. 오늘날 우리는 감각적 증거를 **받아들이고자** 결단하는 만큼, 그리고 우리가 감각들을 더욱 예리하게 하고, 감각들로 무장하고, 감각들을 철저히 생각하는 것을 배우는 만큼, 우리는 학문을 소유한다. 그 외의 것은 불구이고, 학문 이전의 것이다. 형이상학, 신학, 심리학, 인식론 **또는** 논리학과 이것의 응용학문인 수학, 형식 학문, 기호학 같은 것이 이런 것들이다. 여기에 실재는 없고, 이것이 문제로서 제기된 적도 결코 없다. 논리학에서 기호적 관습이 도대체 어떤 가치를 갖는지에 대하여 질문이 제기된 적도 역시 거의 없다.

4.

철학자들의 또 다른 기이함—최후의 것과 최초의 것을 혼동하는 것—이 덜 위험한 것은 아니다. 이들은 최후에 오는 것—하지만 이것은 결코 발생하지 않는다—을 시초로서, 최초에다 놓는다. 즉, '최상의 개념들', 가장 보편적이고 공허한 개념들, 증발해 버린 현실의 마지막 연기를 최초에다 놓는다. 이것은 철학자들이 외경을 드러내는 방식이다. 보다 고차원의 것은 저차원의 것에서 결코 성장할 수 **없다**. 교훈: 으뜸가는 것은 원인 자체이어야만 한다. 이와 다른 것에서 유래하는 것은 반박이며, 의혹이다. 모든 최상의 가치는 으뜸가는 것, 최상의 개념들, 존재자, 절대자, 선, 진, 완전한 것이다. 이 모든 것은 생성된 것일 수 없다. 따라서 **자기 원인**임이 틀림없다. 이 모든 것은 서로 다르지 않으며, 상호 모순될 수 없다. 이로부터 철학자들은 그들의 어리석은 개념인 '신'을 갖게 되었다. 최후의 것, 가장 빈약한 것, 가장 공허한 것이 **자기 원인**으로서, **최고로 실재하는 것**으로서, 으뜸가는 것으로 설정되었다. 인류가 병든 망상가의 뇌질환을 받아들여만 했다는 것. 인류는 이를 위해 비싼 대가를 지불했다.

5.

마침내 **우리가**(나는 우리라고 예의바르게 말한다.) 어떤 다양한 방식으로 오류와 가상의 문제를 논박하는지 알아보

자. 과거에 사람들은 변화, 전환, 생성을 가상의 증거로, 즉 무언가가 분명히 우리를 오류로 이끌고 있다는 표시로 여겼다. 오늘날 우리는 거꾸로 이성의 편견이 우리에게 통일성, 정체성, 지속, 실체, 원인, 사물성, 존재를 **설정하도록** 강요하는 만큼, 우리를 오류에 얽히도록 하여 **필연적으로** 오류에 빠지게 함을 안다. 이렇게 우리는 엄밀한 조사를 통하여 여기에 오류가 있음을 확신한다. 이는 거대한 천체의 운동과 다르지 않다. 천체 운동에서 오류는 눈이라는 상설 변호사를 갖고 있다면, 여기서 오류는 **언어**라는 상설 변호사를 갖고 있다. 언어의 발생은 심리학의 초보적 형태의 시기에 속한다. 언어 형이상학의 기본 가정, 즉 **이성**의 기본 가정을 의식할 때 우리는 조잡한 물신적 본질에 접근한다. 우리는 의지를 원인으로 믿게끔 하는 행위자와 행위의 분리를 곳곳에서 발견할 수 있다. 이것이 '자아', 존재로서 자아, 실체로서 자아, 만물에 자아라는 실체가 있다는 믿음을 **투사하였다.** 그리고 이후 '사물'이라는 것이 **만들어졌다.** '존재'라는 것이 모든 것에 원인으로 각인되고, **쑤셔 넣어졌다.** 자아라는 개념으로부터 존재라는 것이 연역되었다. 태초에 의지는 **작용하는** 어떤 것이라는 거대한 오류의 운명에 처해있었다, 즉 의지가 **능력**이라고. 오늘날 우리는 이것이 단지 단어에 불과함을 안다. 훨씬 후에, 몇천 배 더 계몽된 세계에서, 이성의 범주라는 것을 취급하면서 **확실성**, 주체적 **정확성**이라는

것이 놀랍게도 철학자들의 의식에 떠올랐다. 이것들은 경험에서 유래될 수 없다, 경험 전체가 여기서 모순에 직면한다. **이것들은 어디에서 유래하였나?** 인도와 그리스에서 같은 실수를 하였다. "우리는 틀림없이 언젠가 고향 같은 보다 높은 세계에 있었다(**훨씬 더 낮은** 세계 대신에, 이게 진리였을 텐데!), 우리가 이성을 가졌으니 우리는 신적이었던 것이 틀림없다!" 사실상 지금까지 존재라는 오류보다 더 헛된 설득력을 가진 것은 없었다, 예를 들면 엘레아학파의 정식을 들 수 있다. 우리가 말하는 모든 단어, 모든 문장은 엘레아학파의 공식을 지지한다! 엘레아학파의 반대자들 또한 존재 개념의 유혹에 넘어갔다. 누구보다도 **원자**를 발명한 데모크리토스를 들 수 있다. 언어에서 '이성'. 오 이 얼마나 늙고 사기 치는 여자인가! 나는 우리가 문법을 신뢰하기에 신에서 벗어날 수 없을까 걱정이다.

6.

사람들은 내가 이렇게 본질적이고 새로운 관점을 네 개의 테제에 요약함에 감사할 것이다. 나는 이로써 이해를 쉽게 하고, 모순을 제기한다.

첫째 명제. '이' 세계를 가상적인 것으로 표현하는 근거들은 오히려 이 세계가 실재함을 증명한다.—**다른** 종류의 현실이라는 것은 완전히 증명 불가능하다.

둘째 명제. 우리가 사물의 '참된 존재'라고 표시하는 것은 비존재, 무의 표시이다. 사람들은 실제적 세계의 모순에서 '참된 세계'를 지어 냈다. 가상의 세계는 사실상 단지 **도덕적, 시각적** 속임수에 지나지 않는다.

셋째 명제. 이와 같이 꾸며진 이야기인 '다른' 세계는, 만일 비방, 왜소화, 삶에 대한 의혹 제기가 본능의 힘으로 우리 안에 강력하게 존재하지 않는다면 어떠한 의미도 없다. 여기서 우리는 또 '다른' 삶, '보다 나은' 삶이라는 환상을 통해 우리 자신의 삶에 스스로 **복수한 것이다.**

넷째 명제. 세계는 '참된' 세계와 '가상'의 세계로 나누어진다는 것은 기독교적 방식이며, (결국에는 **음흉한** 기독교도인) 칸트적 방식이다. 이것은 데카당스의 표시이며, **하락하는** 삶의 증후이다. 예술가들이 현실보다 가상을 더 높이 평가 한다는 점이 앞의 문장에 대한 반박은 아니다. 왜냐하면 여기서 '가상'이라는 것은 다만 선택된, 강조된, 수정된 현실을 **재차** 의미하기 때문이다. 비극적 예술가는 비관주의자가 **아니다,**─그는 의문스러운 것, 두려운 것, 바로 그것을 긍정한다. 그는 **디오니소스적**이다.

어떻게 참된 세계는 마침내 우화가 되어버렸는가
오류의 역사

1.

경건하고 덕을 갖춘 현명한 자는 참된 세계에 도달할 수 있다. 그는 참된 세계에 살고 있고, **그가 참된 세계이다**(가장 오래된 생각의 형태, 상대적으로 똑똑하고, 단순하고, 설득력이 있어 보인다. '나 플라톤이 진리**이다**'라는 문장을 바꾸어 쓴 것).

2.

참된 세계는 지금 도달할 수 없다. 그러나 현명한 자, 경건한 자, 덕을 갖춘 자에게는 약속된 것이다('속죄를 하는 죄인들'에 약속된 것). (관념의 발전: 관념이 더욱 정교해지고, 더 위험한 것이 되며, 더 이해할 수 없게 된다. **관념이 여자가 되며**, 그리스도교적으로 된다……)

3.

참된 세계는 도달할 수 없고, 증명할 수 없고, 약속할 수 없다. 하지만 위로로서, 의무로서, 명령으로서 여겨진 것이다(안개와 회의에 가려진 낡은 태양이 그 본질이다. 이러한 관념이 숭고해진 것이다, 창백하게, 북방 풍으로, 칸트가 살던 쾨니히스베르크 풍으로).

4.

참된 세계—도달할 수 없다? 어떤 경우에도 도달하지 못한다. 그리고 도달하지 못할뿐더러 **알려지지도 않았다.** 따라서 위로하지도 못하고, 구원하지도 못하고, 의무를 다하지도 못한다. 무엇 때문에 알려지지 않은 것에서 우리에게 의무를 부과하는가?⋯⋯

(잿빛 아침. 이성의 첫 번째 하품. 실증주의의 닭 울음소리.)

5.

참된 세계—더이상 아무짝에도 쓸모가 없고, 이제 더이상 결코 의무적이지도 않는 관념—쓸모없고, 과잉된 관념 **따라서** 반박된 관념. 이러한 관념을 없애버리자!

(밝은 날: 아침 식사. **건강한 상식**(bon sens)과 명랑성의 회복. 플라톤의 부끄러워 빨개진 뺨. 모든 자유로운 정신들의 대소동(Teufelslärm).)

6.

참된 세계를 우리는 없애버렸다. 어떤 세계가 남아있는가? 아마도 가상적 세계? 하지만 그렇지 않다! **참된 세계와 더불어 가상의 세계 또한 우리가 없애 버렸다!**

(정오: 그늘이 가장 짧은 순간. 장구한 오류의 끝. 인류의 정점. **차라투스트라의 등장**)

反자연으로서 도덕

1.

　모든 열정이 순전히 치명적일 때가 있는데, 열정이 어리석음의 무게로 희생물을 끌어내릴 때가 그렇다.—그리고 난후, 매우 뒤늦게 열정이 정신과 결혼할 때, 열정은 자신을 '정신화 하는' 때가 있다. 이전에 사람들은 열정의 어리석음 때문에, 열정에 대항하여 전쟁을 일으켰다. 사람들은 열정을 절멸시키겠다고 맹세했던 것이다.—과거의 모든 도덕이라는 괴물은 **'열정을 살해해야만 한다'**는 점에서 의견 일치를 보았다. 이에 관한 가장 유명한 정식은 '사물은 결단코 **높은 곳에서** 바라보아서는 안 된다'인데, 《신약 성경》의 산상 설교에 첨언되어 있다. 예를 들면 이와 같은 내용이 성(性)에 적용되어 "너의 눈이 화를 내거든 그것을 빼내어 버려라"[9]라고 말한다. 다행스럽게도 어떤 기독교인들도 이 교훈에 따라 행동하지 않는다. 오늘날 우리는 열정과 욕구의 어리석음과 그 어리석음의 결과가 초래하는 불쾌한 결과들을 피하기 위

---

9 〈마태복음〉, 5.29.

하여 열정과 욕구를 **절멸하고자** 하는 것은 어리석음의 극심한 형태에 불과하다고 여긴다. 오늘날 우리는 이빨을 **뽑아냄으로써** 통증을 제거하는 치과 의사에 대해서 놀라워하지 않는다. '열정의 **정신화**'라는 기독교를 토대로 해서 자라난 개념을 다른 방식으로 정당하게 말한다면, '이 개념은 결코 정식화될 수 없다'고 말할 수 있다. 초대 교회는 알려진 바와 같이, '마음이 가난한 자'의 편을 들어, '지성'**과** 투쟁하였다. 어떻게 사람들은 교회의 열정에 대한 지적 전쟁을 기대할 수 있게 되었나?—교회는 모든 면에서(in jedem Sinne) 절단이라는 방법으로 열정을 쳐부수었다. 교회의 술책과 '치료'는 **거세**이다. 교회는 '사람은 어떻게 욕구를 정신화 하고, 미화하고(verschönt), 신성화하는가(vergöttlicht)?'에 대해서는 결코 묻지 않는다.—교회는 모든 시대에 걸쳐, (감성의, 긍지의, 지배욕의, 시기의, 복수욕의) 근절이라는 규율을 강조하였다.—그러나 열정을 뿌리째 공격하는 것은, 삶을 뿌리째 공격하는 것이다. 교회의 실천은 **삶에 적대적인** 것이다.

2.

욕구에 대항하는 전쟁에서, 스스로 척도를 세우기에 의지가 매우 박약하고, 너무나 퇴화된 자들은 절단, 근절과 같은 수단을 본능적으로 선택한다. 비유로 말하자면, 본성상 **수도원**이 필요한 자들에 의해서, (비유적으로가 아니라), 어떤 최종적인 적대 선언, 자신들과 열정 사이의 어떤 **틈**. 과격한 수단은 퇴화된 자들에게는 필수적이다. 의지의 약함, 보다 정확히 말해서, 자극에 반응하지 **않는** 무능력은 그 자체가 단지 퇴화의 또 다른 형태일 뿐이다. 감성에 대한 과격한 적대, 감성에 대한 불구대천의 원수 관계는 숙고해 보아야 할 징후이다. 우리는 이와 같은 과도한 자의 전체적 상태에 대해서 추측할 수 있다.—적대와 증오는, 우선 저런 본성을 지닌 자들이 과격한 치료, '악마'를 거절하는 데 확고함이 부족할 때 최고조에 이른다. 우리는 사제들과 철학자들과 예술가들을 포함한 전체 역사를 조망해야 한다. 무능한 자, 금욕주의자들이 감각들과 관련하여 가장 강력한 독을 말한 것이 아니다, 오히려 금욕주의자가 되어야 **했음에도** 불구하고, 금욕주의자가 될 수 없었던 자들이 감각들과 관련된 강력한 독에 대하여 말했던 것이다.

3.

관능성(Sinnlichkeit)의 정신화를 **사랑**이라고 칭한다. 이는 기독교에 대한 위대한 승리이다. **적대감**의 정신화는 또 다른 승리이다. 이 승리는 적을 갖는다는 의미를 우리가 깊이 이해하는 것에서 비롯된다. 간단히 말해, 이는 사람들이 이전에 행동했던 것, 추론했던 것과 반대로 행동하고 추론하는 것이다. 교회는 항상 적의 절멸을 원하였다. 그러나 우리,

탈도덕론자, 반기독교인은 교회가 존재한다는 것이 우리에게 이롭다고 본다……정치에서도 역시 적대감은 오늘날 더욱 정신적이게 되었다.─보다 영리하게, 보다 심사숙고하게, 보다 **관대해졌다**. 거의 모든 정당은 자기 보존의 이해관계가 반대파 정당이 힘을 소진하지 않음에 있음을 알고 있다. 이는 큰 정치에도 그대로 적용된다. 특히 새로운 **제국**을 건설함에 있어서는 친구보다 적이 더 필요하다. 대결 속에서 새로운 제국은 스스로가 필연적임을 느끼고, 대결 속에서 새로운 제국은 필연적이게 **된다**……'내부의 적'에 대해서도 우리는 다르게 행동하지 않는다. 여기서도 우리는 적대감을 정신화 하였고, 적대감의 **가치**를 알아채었다. 우리는 많은 대결에서 부유하게 되는 만큼 **결실**을 얻게 된다. 영혼이 기지개를 켜지 않고, 평화를 갈구하지 않는다는 전제하에서만 우리는 **젊음**을 유지할 수 있다……'영혼의 평화'라는 옛 소원, **기독교적** 소원만큼 낯선 것은 없다. 도덕이라는 머저리와 선한 양심이라는 살찐 행복을 우리는 전혀 부러워하지 않는다. 우리가 전쟁을 포기하면, 우리는 **위대한** 삶을 포기하는 것이다……많은 경우 분명히 '영혼의 평화'는 단지 오해일 뿐이다.─자신을 **다른** 식으로 더 솔직히 명명할 줄 모르는 것이다. 장광설이나 편견이 없는 몇몇의 경우. 예를 들자면, '영혼의 평화'는 넘치는, 동물적인 본성의 도덕적인 (또는 종교적인) 영역으로의 부드러운 발산일 수 있다. 또는 피로의 시작,

저녁의, 모든 종류의 저녁의 최초의 그늘. 또는 남풍이 불어와서 축축해진 공기를 표시하는 것일 수도 있다. 또는 행복한 소화에 대한 무의식적인 감사일 수도 있다(종종 '인류애'라고 칭해지는).

또는 모든 것이 처음 맛보는 새로운 맛이고 새로움을 기다리는 치유자의 평온해짐일 수 있다……또는 우리의 지배하고자 하는 욕구가 충분히 충족된 이후의 상태, 보기 드문 만족감이 주는 행복의 느낌일 수 있다. 또는 우리의 의지, 갈망, 악덕의 노쇠일 수 있다. 또는 허영심이 변명조로 자신을 도덕으로 미화하는 게으름일 수 있다. 또는 불확실성에서 비롯되는 장기간의 긴장과 고문 후에 나타나는 확실성, 공포어린 확실성의 등장일 수 있다. 또는 행위, 창조, 작용, 욕구의 성숙함과 대가다움, 고요한 호흡, **성취된** 의지의 자유의 표현일 수 있다……

우상들의 황혼. 누가 알겠는가? 아마 이것 또한 단지 '영혼 평화'의 한 종류에 불과할지……

4.

나는 하나의 원리를 정식화한다. 도덕에 있어서 모든 자연주의, 곧, 모든 **건강한** 도덕은 생의 본능에 의해 지배된다.—생의 어떤 명령은 '이래야만 한다', '이래서는 안 된다'는 특정한 규범에 의해서 충족되고, 삶의 도정에 놓인 어떤 방해와 적대는 따라서 제거된다. **反자연적** 도덕, 즉 지금껏 가르쳐지고, 존경받고, 설교된 거의 모든 도덕은 반대로 삶의 본능에 **대항한다**,—이것이 바로 본능에 대한 은밀하고, 요란스럽고, 뻔뻔스러운 단죄인 것이다. '하느님이 마음을 보신다'고 말하면서, 反자연적 도덕은 생의 최하층과 최상층의 욕구들을 부정한다. 그리고 하느님을 **생의 적**으로 여긴다……하느님에게서 행복을 느끼는 성자(聖者)는 이상적인 내시이다……'하느님의 나라'가 **시작되는** 곳에서 삶은 끝난다……

5.

우리가 생에 대항하는 거부를 모독으로 파악했다면,—기독교 도덕에서 삶에 대한 거부는 거의 신성불가침이다—다행히 또 다른 것을 또한 파악했을 것이다. 즉 이러한 거부는 쓸모없는 것, 가상적인 것, 허무맹랑한 것, **거짓된 것**이라는 것을. 살아 있는 자들의 생에 대한 단죄는 결국 특정한 생의 방식의 증후이다. 이것이 정당한 질문인가, 부당한 질문인가라는 문제는 전혀 제기되지 않는다. 삶의 **가치** 문제에 접근할 수 있으려면, 우리는 삶의 **바깥에서** 어떤 입장을 가져야만 한다. 그리고 다른 한편 지금껏 살아온, 한 사람의, 많은 사람의, 모든 사람의 입장을 잘 알아야한다. 이 문제는 우리가 접근할 수 있는 문제가 아니라는 것을 알 수 있는 근거들은 충분하다. 우리가 가치들에 대해서 말할 **때**, 우리는 삶의, 영감 아래서, 렌즈 아래서 말하는 것이다. 삶은 가치를 부여하도록 우리를 강제하며, 우리가 가치를 부여할 때 삶은 스스로 우리를 통하여 가치 평가한다…… 이로부터 하느님을 삶의 적대 개념, 삶의 단죄로 이해하는 **反자연적 도덕은**, 삶에 의해서 만들어진 하나의 가치 평가임이 드러난다.—**어떤 삶? 어떤** 종류의 삶?—나는 이미 대답을 하였다. 쇠락하는, 약화된, 피곤한, 단죄된 삶이라고. 지금까지 알려진 도덕은—쇼펜하우어가 결국 '삶을 향한 의지의 부정'으로 정리하였던—그 자체가 데카당스 본능이다. 이 **데카당스 본능**은 자신으로부터 하나의 명령을 만들어 내며, 도덕은 '**몰락하라**'고 말한다.— (지금까지 알려진) 도덕은 단죄 받은 자의 판단이다.

6.

"인간은 이렇고, 저래야만 **한다**!"고 주장하는 것이 얼마나 유치한 것인가에 대해서 마지막으로 다시 생각해보자. 현실은 놀랄 만큼 많은 인간 유형의 풍부함을, 변화와 유희에서 넘쳐나는 형태의 무성함을 보여준다. 어떤 가련한 게으름뱅이 도덕주의자가 여기에다 대고 이렇게 말할 것인가? "아니야! 인간은 **이와 달라야만** 하지 않는가?"…… 술꾼이며 불평가인 그는,[10] 심지어 그가 어떤 사람이어야만 하는지조차 알고 있다. 그는 자신을 벽에 그리며 '**이 사람을 보라**(Ecce home)'[11]라고 말한다……그러나 도덕주의자가 오직 개인을 언급할 때는 이렇게 말한다. '**너는** 이렇고 저래야만 한다!' 그는 여전히 비웃음을 사고 있다. 개인은 미래와 과거로부터의 한 조각 운명이다, 개인은 도래하고 존재하게 될 모든 것에 부여된 하나의 법칙, 하나의 필연성 이상이다. 개인에게 '너를 변화시켜라'라고 말하는 것은 모든 것이 변해야 하고, 더욱이 과거마저도 변화시키기를 요구하는 것이다. 따라서 인간을 다르게, 말하자면 덕을 갖춘 인간을 원하는 일관된 도덕주의자들이 있는데, 이들은 그들의 모형에 따라, 즉 불평가는 모형에 맞는 인간을 원한다. 이 목적에 맞추어 그들은 세계를 **부정한다!** 결코 작은 광기가 아니렷다! 이것은 결코 오만함의 겸손한 형태가 아니다…… 도덕이 삶의 의도, 배려, 목적에 따르지 않고, **단죄하는** 경우, 도덕 그 자체는 **어떤** 특수한 오류이며,—우리는 여기에 어떤 동정심도 가져서는 안 된다.—말할 수 없는 수많은 피해를 주는 **퇴화적 괴상**

---

10   "그런데 사람의 아들이 와서 먹고 마시자, '보라, 저자는 먹보요 술꾼이며 세리와 죄인들의 친구다.' 하고 말한다."(〈마태복음〉 11: 19) 술꾼과 불평가는 니체가 예수를 비꼬는 표현이다.

11   빌라도가 예수를 군중에 넘겨주며 던진 말이다. (〈요한복음〉 19:5) Ecce home는 라틴어이다.

함이다…… 다른 사람인 우리 탈도덕주의자들은 이와 반대로 모든 종류의 이해, 파악, **승인**에 대해 마음을 열어놓는다. 우리는 쉽게 부정하지 않으며, 우리는 **긍정하는** 자라는 점에서 명예를 찾기 위해 노력한다. 게다가 우리는 사제들의 **병든** 이성, 신성한 무지몽매함이 거부한 모든 것을 필요로 하고, 또한 이것들을 사용할 줄 아는 경제학에 눈을 떴다. 삶의 법칙에 있어서 이 경제학은 역겨운 종족인 불평가, 사제, 덕망 있는 자들로부터 이점을 취한다. **어떤** 이점인가?─우리 자신, 탈도덕론자 우리 자신이 바로 답변이다……

네 가지의 커다란 오류

1.

원인과 결과를 혼동하는 오류.—결과를 원인으로 혼동하는 **오류**만큼 치명적인 것은 없다. 나는 이것을 이성의 본래적 타락이라고 칭한다. 그럼에도 불구하고 이 오류는 인류의 가장 오래된 그리고 가장 최근의 습관에 속한다. 우리는 이 오류를 신성화하였고, 이 오류는 '종교', '도덕'이라는 이름을 지니고 있다. 종교와 도덕이 정식화하는 **모든** 문장은 이 오류를 품고 있다. 사제와 도덕 법칙을 만든 자들은 이성 타락의 창시자들이다.—내가 예를 한번 들어 보겠다. 장수와 행복한 (그리고 덕망 있는) 삶을 위하여 소식(小食) 다이어트를 권유한 코르나로(Cornaro)의 유명한 책은 모두가 알고 있다. 이렇게 많이 읽혀진 책은 드물며, 해마다 영국에서는 수천 부가 인쇄되고 있다. 이 책만큼 많은 화를 자초하는 책이 없음을 (당연히 성경은 예외로 하고) 나는 의심하지 않는다. 이 기이한 책만큼 많은 인생들을 **축소시킨** 책이 없음을 나는 또한 의심하지 않는다. 이유: 결과와 원인의 혼동. 우직한 이 이탈리아인은 자신의 장수의 **원인**을 자신의 다이어트에서 찾왔다. 그러나 장수의 전제는 예외적인 느린 신진대사, 소량의 소모량이 그의 소식 다이어트의 원인이었다. 그에겐 적게 **또는** 많이 먹을 수 있는 자유가 없었다. 그의 검소함은 '자유의지'의 소산이 **아니었다.** 그가 많이 먹었을 경우 그는 병이 났던 것이다. 그러나 우리는 잉어가 아니므로 잘 먹어야 하며, **정상적 식사**를 해야 한다. 신경 에너지를 빨리 써버리는 **우리 시대의** 학자가 코르나로 식이 요법을 따르다가는 망해버릴 수 있다. **경험자의 말을 믿어라.**

2.

종교와 도덕의 근저에 놓여 있는 가장 일반적인 정식. "이것과(und) 저것을 행하라, 이것과 저것은 삼가라—그러면 너는 행복해 질 것이다! 그렇지 않을 경우에는……" 모든 도덕과 종교는 이런 식의 명령**이다,** 나는 이를 거대한 이성의 원죄, **불멸의 비이성**이라고 부른다. 내 입에서 위의 정식은 반대로 전환된다— '나의 모든 가치 전도'의 **첫 번째** 예, 잘난 인간, '행복한 사람'은 특정 행동을 **취해야 하며,** 다른 행동에 대해서는 본능적으로 꺼려해야만 한다. 그는 사람들과 사물들과의 관계에 자신이 제시하는 생리학적 질서를 부여한다. 정식화하면, 자신의 행복의 **결과**로서 덕……장수, 많은 자손은 덕의 보상이 **아니라,** 오히려 신진대사의 느림이 덕의 보상이다. 무엇보다 덕은 장수, 많은 자손, 요약하자면 **코르나리스주의**라는 결과를 유발한다.—교회와 도덕은 말한다. "종족과 민족은 악덕과 사치에 의해서 멸망한다." 나의 **회복된** 이성은 말한다. 어떤 민족이 망하고, 생리학적으로 퇴화하면, **그 결과로** 악덕과 사치가 **초래된다**(즉, 모든 탈진한 본성은 계속 더 강하고 빈번한 자극들을 바라는 욕구가 생긴다). 이 청년은 너무 빨리 창백해지고 시들어버린다. 그의 친구는 이렇게 말한다. 이런 저런 병이 원인이다. 나는 말한다. 그가 병들었다는 **사실**, 그가 병과 싸우지 않았다는 **사실**, 이것은 벌써 빈곤해진 삶, 유전적 탈진의 결과이다. 신문 독자는 말한다, 저런 실수와 더불어 이 정당은 몰락으로 향한다. 나의 **한 수 높은** 정치는 말한다, 저런 실수를 하는 정당은 끝장이다.—이 정당은 본능적 확실함을 더이상 갖고 있지 않다. 모든 실수는 이런 의미에서 본능의 퇴화, 의지의 해체이다. 우리는 여기서 **나쁨**의 정의에 근접한다. **좋은** 모든 것은 본능이다—따라서, 경쾌하고, 필수적이고, 자유롭다. 노고는 이의 제기이다. 신은 유형에 있어 영웅과 구분된다(내 언어로 표현하자면, **가벼운** 발걸음이야말로 신성의 으뜸가는 속성이다.)

3.

거짓된 인과론의 오류

우리는 늘 원인이 무엇인지 알고 있다고 믿어왔다. 그런데 우리는 어디서 우리의 지식을 습득했던가, 더 정확히 말해, 우리가 알고 있다는 믿음을 어디서 습득했던가? 그것은 지금껏 사실로서 증명되지 않은 그 유명한 '내적 사실들'의 영역으로부터였던가? 우리는 의지의 행위에 있어서 우리 자신이 원인임을 믿었던 것이다. 여기서 우리는 적어도 **행위의** 인과관계를 포착했다고 생각했던 것이다. 동시에 우리는 행위의 **선행 사건들**, 행위의 원인을 의식에서 찾아야 하고, 우리가 원인을 **찾고자** 하면, 행위의 '모티브'를 재차 발견할 수 있음을 의심치 않았다. 그렇지 않았더라면 우리는 행위 동기의 자유가 없었을 것이고, 이에 대해서 책임이 없었을 것이다. 사유가 촉발되어 진다는 것을, 자아가 사유를 촉발한 것이라는 것을 그 누가 반박했던가? ⋯⋯이 세 가지의 '내적 사실들', 이것들에 의해서 원인성이라는 것이 보증된 것으로 보인다. 가장 우선되고, 가장 설득력 있는 것으로 보이는 것은 **원인으로서 의지**이다. 원인으로서의 의식(정신)의 개념화, 원인으로서 자아(주체)의 개념화는 단지 그 이후에 탄생된 것이며, 의지에 의해서 인과관계로서, **경험으로서** 확증된 것에 불과하다.

　이러는 동안 우리는 이 모든 것을 더 깊이 숙고하게 되었다. 오늘날 우리는 저런 것들을 더이상 믿지 않는다. '내적 세계'라는 것은 환상과 도깨비불과 같은 것이다. 의지도 이런 것 중의 하나이다. 의지는 아무것도 움직이게 하지 못하고,

따라서 아무것도 설명하지 못한다. 의지는 사건의 과정들을 뒤따를 뿐이며, 의지가 없을 수도 있다. 소위 '모티브'라는 것은 또 다른 오류이다. 이것은 단지 어떤 의식의 외적 현상이고, 행위 이후 생기는 것이고, 행위를 마치 드러내기보다는 **행위 이전의 사건들**을 은폐하는 것이다. 자아가 오류인 것은 말할 필요조차 없다. 자아는 꾸며낸 이야기, 허구, 말장난이 되어버렸다. 자아는 사유하기, 느끼기, 욕망하기를 완전히 그만두어버렸다……이로부터 무엇이 생기는가? 정신적 원인이라는 것은 도무지 있을 수 없다! 이것에 대한 소위 경험이라는 것 모두는 고장 나버렸다! 이로부터 다음과 같은 결과가 도출된다!—우리는 '경험'이라는 것을 교묘하게 악용하였으며, 우리는 원인의 세계, 의지의 세계, 정신적 세계라는 것을 **창조하였던 것이다.** 가장 오래된 그리고 장구한 심리학이 여기서 작동하고 있었던 것이다. 이 심리학은 오직 이 일만 하였던 것이다. 이 심리학에 모든 사건은 하나의 행위였고, 모든 행위는 의지의 결과였다. 이 심리학은 세계를 다수의 행위자의 세계로 여겼고, 행위자들을 모든 사건에 밀어 넣었던 것이다. 인간은 자신이 굳건히 믿는 세 가지의 '내적 사실들'을 소유한다. 의지, 정신, 자아가 그것들인데, 인간은 이것들을 외부로 투사한다—인간은 우선 존재라는 개념을 자아로부터 도출한다. 인간은 자신을 거울삼아, 원인으로서 자아라는 개념에 따라 '사물들'을 존재하는 것으로 정립한다. 인간이 항상 **자신 스스로 사물들에 부여했던 것들을** 재발견한다고 해서 놀라울 게 무엇인가?—'사물', 다시금 말하건대, 사물이라는 개념 자체는, 원인으로서 자아에 대한 믿음의 반영일 뿐이다……

원자라는 것도, 나의 친애하는 기계론자와 물리학자들이여, 얼마나 많은 오류와 초보적인 심리학이 당신들의 원자에 잔존하고 있는가!—형이상학자들의 **가공할 치부인** '물자체'라는 것은 말할 필요조차 없다! 정신(Geist)을 현실과 혼동하여 원인으로서 정신이라는 오류! 그리고 이 오류를 현실을 재는 척도로 만들었다는 것! 그리고 **신**이라고 불렀던 것이다.

4.

상상된 원인이라는 오류.—꿈에서 시작해보자. 특별한 느낌, 예를 들자면 멀리서 들리는 대포 소리가 나중에 원인으로 삽입된다(종종 단편소설에서 꿈꾸는 사람이 주인공인 것처럼). 느낌은 어떤 반향을 일으키며 한동안 지속된다. 말하자면 느낌은 원인이 되는 충동이 전면에 등장하는 것을 허락할 때까지 기다린다—즉, 우연이 아니라 '의미'가 될 때까지 기다리는 것이다. 대포 소리는 시간 흐름의 역전으로, **원인이 되는** 연쇄 관계로 등장한다. 더 나중의 것 모티브가, 번개처럼 번쩍이는 수백 가지의 사건들과 함께 우선 체험된다. 그리고 난 다음 대포 소리가 따른다. 무슨 일이 생긴 것인가? 어떤 상태를 **일으킨** 표상들이 그 상태의 원인으로 오해된 것이다. 사실상 우리가 깨어 있을 때도 이와 마찬가지이다. 우리의 대부분의 일반적 감정—우리 신체 조직의 작용, 반작용에 있어, 모든 종류의 방해, 압박, 긴장, 폭발, 특히 **신경계**의 상태가 우리의 인과관계를 만드는 충동을 자극한다. 우리는 우리가 이런저런 상태에 있는 이유, 기분이 좋고 나쁜 **이유**를 필요로 한다. 우리는 우리가 이런저런 상태에 **있다**는 사실을 확인하는 것만으로 결코 만족하지 못한다. 우리는 사실에 어떤 종류의 동기를 부여한 후에 사실을 사실로 인정하고, **의식하는 것이다.** 이런 경우에 있어서 기억은 우리도 알지 못한 상태에서 활동하여, 이와 유사한 이전의 상황들을 불러내고 이와 결합되고 기형적인 원인이 되는 해석들을 불러낸다. 그러나 이것들의 인과성을 불러내는 것은 **아니다.** 물론 표상들, 동반되는 의식의 과정들이 원인이라는 믿음은 기억을 통해 야기된다. 이런 식으로 원인 해석(Ursachen-Interpretationen)이라는 **습관**이 생기는 것이다. 사실 이 습관은 원인에 대한 **탐구**를 방해하고 배제하는 것이다.

5.

심리적 설명.—미지의 어떤 것을 알고 있는 것으로 환원하면 우리는 편하게, 고요하게, 만족스럽게 느끼며, 무엇보다도 우리는 힘의 느낌을 받는다. 미지의 것은 우리에게 위험, 불안, 걱정을 준다―으뜸가는 본능은 이러한 고통스러운 상황들을 **없애는** 것을 겨냥한다. 첫째 원칙: 어떤 설명이든지 설명이 없는 것보다 낫다. 왜냐하면 압박을 가하는 표상들로부터 벗어나고자 하는 것이 사실상 중요한 문제이기 때문이다. 사람들은 벗어나는 방법에 대해서는 그다지 엄격하지 않다. 미지의 것을 알고 있는 것으로 설명하는 표상은 우리를 매우 기쁘게 하여, 이를 우리가 '진실인 것으로 여기게 한다'. 쾌락(힘)의 증거가 진리의 기준인 것이다. 이에 따라서 원인충동(Der Ursachen-Trieb)은 두려움이라는 느낌에 의해 제약되고, 자극된다. '왜?'라는 질문이 가능하다면, 이것은 원인 그 자체에 관한 것이 아니라, 우리를 고요하게, 만족스럽게, 편하게 하는 **특정한 종류의** 원인과 관련하여 주어진 것이다. 이러한 필요성의 결과로써, **이미 아는 것**, 경험된 것, 기억 속에 각인된 것이 원인으로 간주된 것이다. 새로운 것, 경험되지 않은 것, 낯선 것은 원인에서 배제되었다. 그러므로 원인에 대한 설명이 추구된 것뿐만이 아니라, 특정한 종류의 설명이 **선택되어지고 선호된** 것이라 할 것이다. 이것들에 의해서 낯선, 새로운, 경험되지 않은 느낌은 매우 빠르게, 늘 제거되는 것이며, 이것이 우리에게 **가장 습관화된** 설명들이다. 이에 따른 결과: 특정 원인 설명이 점점 더 우세해지다가 시스템으로 집중화되고, 드디어 **지배적인** 것으로 등장한다. 즉 **다른** 원인들과 설명들은 간단히 배제된다. 은행가는 즉시 '사업'을 생각하고, 그리스도인은 '죄'를 생각하고, 소녀 는 사랑을 생각하게 되는 것이다.

6.

도덕과 종교의 전체 영역은 상상된 원인이라는 개념에 속 한다.

불편한 일반 감정들의 원인에 대한 '설명'. 이것들은 우리 에게 적대적인 것들에서 온다(악령, 가장 유명한 경우―히 스테리 발작을 마녀로 오해한다). 이것들은 용인되지 않는 행위에서 온다('죄'의, '죄성'의 감정이 생리적 불쾌함에 삽 입된다―사람들은 늘 스스로에게 불만족하는 이유를 찾는 다). 이것들은, 우리가 하지 말았어야 할, 우리가 그런 상태에 있지 **말았어야** 할 것들에 대한 벌로, 대가로 결정된다(쇼펜하 우어는 이를 하나의 뻔뻔스러운 형태의 문장으로 일반화하였 다. 여기서 도덕은 그 본질을 드러낸다. 도덕은 독을 섞는 자 이며, 삶을 비방하는 자이다. "모든 육체적, 정신적인 큰 고통 은 우리 스스로가 자초한 것을 말해준다. 우리 스스로가 자초 하지 않았다면 그 고통은 우리에게 올 수 없으니까."《**의지와 표상으로서의 세계**》제2권, 666쪽) 이것들은 경솔하고 잘못 진행된 행위들에서 온다(정감, 감각이 원인과 '죄'로서 설정 된다. 생리적으로 급한 상황을 또 **다른** 급한 상황의 도움으로 '마땅히 대체할 만하다'는 것으로 해석한다).

편안한 일반 감정들의 원인에 대한 설명. 이것들은 하느님에 대한 신뢰에서 온다. 이것들은 선한 행동에 대한 자각에서 온다(소위 '선한 양심', 이것은 종종 좋은 소화와 비슷해서 그것과 혼동하는 생리적 상태). 이것들은 일의 성공적인 **결말**에서 온다(유치한 추론의 오류: 일의 성공적인 결말이 우울증 환자나 파스칼 같은 이에게는 결코 편안한 감정들을 유발하지 않는다). 이것들은 그리스도교의 덕인 믿음, 사랑, 소망에서 온다. 사실은 이런 왜곡된 설명들은 결과적 상태들이고 쾌와 불쾌를 엉뚱한 사투리(Dialekt)로 번역한 것과 같은 것이다. 우리가 희망할 수 있는 것은 생리적 기본 감정이 다시 강하고 풍부하기 **때문인 것이다.** 사람들이 하느님을 믿는 이유는 충만함과 강함의 느낌이 안식을 주기 때문이다. 도덕과 종교는 전적으로 **오류의 심리학**의 문제에 속하는 것이다. 각각의 경우에 원인과 결과가 혼동되고 있다. 또는 진리는 어떤 것이 진리라고 **믿는 것**의 결과와 혼동되고 있다. 또는 의식 상태를 이 상태의 원인과 혼동하고 있는 것이다.

7.

자유의지라는 오류

오늘날 우리는 '자유의지'라는 개념을 더이상 동정하지 않는다. 우리는 그것이 무엇인지 잘 알고 있다. 그것은 신학자들의 악명 높은 작품인데, 신학자적 의미에서 인류에게 책임을 지우고자하는 목적으로 만들어진 작품인 것이다. 즉, **인류를 신학자들에게 '의존적이게 하고자'** 만든 것이다. 나는 여기서 오직 사람들이 책임지도록 하기 위한 심리학을 논하고자 한다. 책임성이 요구되는 곳에서는 어디서나 **처벌-심판**의 본능이 보통 있다. 우리가 이러저러한 상태를 의지, 의도, 책임이 있는 행동들로 환원하면, 생성은 무죄가 박탈된다. 의지와 관련된 가르침은 본질적으로 처벌의 목적, 즉 **죄책감을 느끼게 하는** 목적에서 날조되었다. 이전의 심리학 전체, 의지의 심리학은, 과거 공동체의 정점에 있던 사제들인 창시자들이 처벌할 **권리**를 창출하기를 원했었다는 것을 전제로 한다. 또는 신이 그 권리를 창출하기를 원했었다는 것을 전제로 한다. 인간이 '자유롭다'는 것은 심판하고, 처벌하고, **죄책감**을 느끼게 하기 위해서 고안된 것이었다. 따라서 모든 행위는 의도된 것이고, 모든 행위의 근원은 의식에 놓여 있다고 생각되어져만 했던 것이다(이와 더불어 **심리학의 가장 근원적인** 위조 화폐가 심리학의 원칙이 된 것이다). 오늘날 **반대** 방향으로 출발한 우리 탈도덕론자들은 무엇보다도 온 힘을 다하여 죄 개념, 처벌 개념을 다시 제거하고자 한다. 그리고 심리학, 역사, 자연, 사회적 제도들 그리고 이것들에 의한 처벌들을 정화하기 위해 노력한다. 우리들에게 신학자들은 근본적 적대자로 보인다. 이들은 '도덕적 세계 질서'

라는 개념과 더불어, '처벌'과 '죄'를 통하여 생성의 무죄를 감염시키는 짓을 계속하고 있다. 그리스도교는 사형 집행인 의 형이상학이다.

8.

무엇이 **우리의** 유일한 가르침일 수 있는가?

그 누구도 인간에게 인간의 특성들을 **부여하지** 않는다. 신도, 사회도, 부모도, 조상들도, **자신조차도** 특성들을 부여 하지 않는다(여기서 최후로 거부되는 말도 안 되는 관념은 칸트가 말한, 아마도 플라톤이 이미 가르쳤던, 예지적 자유 인 것 같다).

그가 거기에 있다는 것에, 그의 천성이 이렇고 저렇다는 것에, 그가 이러한 상황들과 환경 아래에 있다는 것에, **그 누 구도** 책임이 없다. 그의 숙명은 존재했던 것, 앞으로 존재할 모든 것의 숙명으로부터 벗어날 수 없다. 그는 자신의 의도, 의지, 목적의 결과가 **아니다.** 그를 '인간의 이상' 또는 '행복 의 이상' 또는 '도덕성의 이상'으로 만들고자 하는 시도는 실 현될 수 **없다.** 그의 본질에 어떤 목적을 **전가하고** 원하는 것 은 불합리한 것이다. 우리는 '목적'이라는 개념을 발명하였 다. 그러나 현실에는 목적이 없다. 인간(man)은 필연적이다. 인간은 한 조각의 숙명이다. 인간은 전체에 귀속되고, 인간 은 전체 안에 **존재한다.** 우리 존재에게 올바른 방향을 부여하고, 우리 존재를 측량하고, 비교하고, 유죄 판결할 수 있는 것은 아무것도 없다. 왜냐하면 이는 전체에게 올바른 방향을 부여하고, 전체를 측량하고, 비교하고, 유죄 판결할 수 있어야 하기 때문이다. **그러나 전체 바깥에는 아무것도 없다!** 아무도 더이상 책임지게 하지 않는다는 것, 존재 양식이 **제1원인**으로 환원되어서는 안 된다는 것, 세계는 통일적 의식도 아니고, 통일적 '정신' 또한 아니라는 것, **이러한 사실은 우선 위대한 해방이며**, 이와 더불어 생성의 **무죄**가 복원된다. 지금까지 '신' 관념은 현존하는 것에 대한 최대의 **적대**였다. 우리는 신을 부정하고, 우리는 신 안에 있는 책임성을 부정한다. **이렇게 우리는 세계를 구원한다.**

인류를 개선시키는 자들

1.

내가 철학자들에게 선악의 **피안**에 설 것, 도덕적 판단이라는 환상을 **내버려야** 할 것을 요구하고 있음을 사람들은 알고 있다. 이 요구는 내가 처음 정식화한 통찰에서 비롯된다. 그것은 **도덕적 사실들이라 것은 절대적으로 없다**는 것이다. 도덕적 판단은 종교적 판단과 공통적으로 존재하지 않는 것들을 믿는다. 도덕은 단지 특정한 현상들의 해석에 불과하다. 보다 정확히 말하자면 도덕은 잘못된 해석이다. 도덕적 판단은, 종교적 판단과 마찬가지로, 실재라는 개념조차 사라진, 실재와 상상의 구별이 없는 무지의 단계에 속한다. 이 단계에서 '진리'는 오늘날 우리가 '망상'이라고 부르는 것의 이름일 뿐이다. 그러므로 도덕적 판단이라는 것을 문자 그대로 결코 받아들일 수는 없다. 이것은 항상 모순을 포함할 뿐이다. 그러나 이것은 **기호학적으로는** 큰 의미가 있다. 이것은 충분히 '이해하지' 못한 문화와 내면 세계의 매우 귀중한 사실들을 드러낸다. 적어도 이 사실을 알고 있는 사람에게는 그렇다. 도덕은 단지 기호학이며, 징후학일 뿐이다. 우리는 도덕을 이용하기 위해서, 먼저 도덕이 **무엇에** 관한 것인지 알아야만 한다.

2.

임시적인, 첫 번째의 예. 모든 시대에 걸쳐 사람들은 인간을 '개선시키기'를 원하였다. 이것이 바로 도덕이다. 그러나 똑같은 이름 아래에 매우 다양한 경향들이 숨어있다. 야수적 인간을 **길들이기**, 특정한 인종의 **훈육**을 '개선'이라고 불렀었다. 동물학 용어가 현실을 표현하고 있다. 전형적인 '개선자', 성직자들은 이런 현실을 모른다. 이들은 아무것도 모르고, 아무것도 모르기를 원한다. 어떤 동물을 길들이는 것을 '개선'이라고 부른다는 것은 우리의 귀에는 거의 농담으로 들린다. 동물원에서 어떤 일이 생기는 가를 아는 사람은 야수가 '개선'된다는 것을 의심한다. 야수는 약해지며, 해를 덜 입히게 만들어진다. 공포를 주는 억압적 정서, 고통, 상처, 배고픔에 의하여 야수는 **병든** 야수가 된다. 성직자가 '개선시켜' 길들여진 인간도 이와 다르지 않다. 사실상 교회가 동물원이었던 중세 초기에는 '금발의 야수'의 가장 아름다운 표본, 예를 들자면, 고귀한 게르만인을 찾아 도처에서 사냥하고, '개선시켰던 것이다'. 그러나 수도원으로 잘못 인도된 저 개선된 게르만인은 이후에 어떻게 보였던가? 그는 인간의 캐리커처, 기형적 인간의 캐리커처처럼 보였다. 그는 '죄인'이 되어버렸고, 새장에 갇혀버렸다. 사람들은 그를 소름끼치는 개념들 사이에 가두어버렸다. 드디어 그는 거기서 병들고, 비참하게, 자기 자신에게 악의를 품은 채로 누워있다. 삶을 향한 원동력에 대한 가득 찬 증오, 강하고 행복한 모든 것에 대한 가득 찬 의혹을 품은 채로 그는 누워있다. 간단히 말해 그는 '그리스도인'이 된 것이다. 생리학적으로 말하자면 야수에 대한 싸움에서 야수를 약하게 만들 유일한 수단은 병들게 만드는 것이다. 이것을 교회는 이해했던 것이다. 교회는 인간을 망가뜨렸고, 약하게 만들었다. 그러나 교회는 그를 '개선'시켰다고 주장했던 것이다.

3.

소위 도덕이라는 것의 다른 경우를 살펴보자. 특정한 인종과 인간 유형의 **훈육**에 대해서 말이다. 이것의 훌륭한 예로는 종교로 공인된 마누 법전의 인도 도덕이 있다. 여기서 도덕의 과업은 사제 종족, 전사 종족, 상업과 농업 종족, 그리고 노예인 수드라 종족, 네 종류의 종족(Rasse)을 한꺼번에 훈육하는 것이다. 분명히 우리는 여기서 동물 조련사의 통제 아래에 더이상 있지 않다. 저와 같은 훈육을 고안하기 위해서는 백배 더 부드럽고 더 이성적인 인간 유형이 전제 된다. 기독교의 병들고 지하 감옥 같은 공기에서 빠져나와 훨씬 더 건강하고, 훨씬 더 높고, 훨씬 더 **넓은** 세계로 진입할 때면 우리는 안도의 숨을 내쉰다. 마누 법전에 비하면 신약 성경은 얼마나 가련한 것인가! 신약 성경의 냄새는 얼마나 고약한 가! 그러나 마누 법전의 조직 체계 또한 **공포**를 일으키는 것 일 필요가 있다. 그러나 여기서는 야수와의 투쟁이 아니라, 그와 반대 개념인 훈육되지 않은 인간, 잡종 인간, 찬달라 천 민에 대한 투쟁이 있다. 그리고 이 조직 또한 찬달라를 덜 위 험하게, 약하게 만들기 위해서 그를 **병들게 하는** 수단 외에 다른 방법을 갖고 있지 않다. 그것은 '다수와의' 싸움이다. 인 도 도덕의 **이런** 자기 방어 규칙들만큼 우리에게 반감을 주 는 것은 아마 없을 것이다. '정결하지 않은 채소에 관한' 훈령 (아바다나-사스트라Ⅰ)을 예로 들 수 있다. 이 훈령은 찬달 라에게 허용되는 유일한 양식은 마늘과 양파라고 지시하고 있다. 이는 성전(聖典)에서 찬달라에게는 곡물이나 곡물을 함 유한 열매들, **물**과 불을 주는 것을 금지하고 있다는 점을 고 려한 것이다. 이 훈령은 찬달라들은 필요한 물을 강, 샘, 연못 에서 취해서는 안 된다고 규정하고 있다. 찬달라는 물을 습 지 입구 또는 짐승의 발자국에서 생긴 구덩이에서만 취할 수 있다고 규정하고 있다. 동시에 훈령은 이들이 빨래를 하거나 **자신의 몸**을 씻는 것을 금지하고 있는데, 왜냐하면 이들에게 자비로써 부여된 물은 갈증 해소를 위해서만 사용될 수 있기 때문이다. 끝으로 수드라 여인이 찬달라 여인의 해산을 돕는 것에 대한 금지, 심지어 찬달라 여인들은 **서로 돕는 것**에 대한 금지가 있다.

이러한 위생 감독의 결과가 드러났다. 살인적인 전염병, 끔직한 성병들이 그것이다. 이것들에 대하여 남자아이의 할례, 여자아이의 소음순 제거에 관한 '수술법'이 또한 제정되었다.

마누 법전에 이르기를 "찬달라는 간통, 근친상간, 범죄의 결과물이다(이는 훈육 개념의 **필연적** 귀결이다). 이들의 옷은 시신의 넝마이어야 하며, 그릇은 깨진 사발들이어야 하며, 장식품은 낡은 쇠붙이여야 하며, 신에 대한 예배는 악령에게만 드려야 하며, 이들은 쉴 새 없이 이곳저곳으로 유랑해야 한다. 찬달라는 왼쪽에서 오른쪽으로 글씨를 쓸 수 없고, 오른손으로 글씨를 쓸 수 없다. 오른손 사용과 왼쪽에서 오른쪽으로 글씨를 쓰는 것은 **덕망 있는 자**에게만 허용된다. 즉 순수한 **종족**의 인간에게만 허용된다."

4.

이 규정들은 상당히 교훈적이다. 이 규정들에서 우리는 다시금 온전히 순수하고, 근원적인 **아리안적** 휴머너티를 얻는다. 우리는 '순수 혈통'이라는 개념은 무해와는 반대 개념임을 배운다. 한편 **어떤** 민족에게 증오, 이 휴머너티에 대한 찬달라의 증오는 영구화되고, 그곳에서 이 증오는 종교가, **특별한 재능**이 되어버렸다. 이런 관점에서 볼 때 복음서들은 최고의 증거들이라 할 수 있다. 《에녹서》가 더욱 그렇다. 유대적 뿌리에서 나왔고, 이러한 유대적 바탕에서 성장한 것으로 이해될 수 있는 기독교는, 훈육의, 종족의, 특권의 도덕에 대한 **저항 운동**을 표현하고 있다. 무엇보다도 기독교는 **反아리안적** 종교이다. 기독교는 아리안적 가치의 전도이며, 찬달라적 가치의 승리이며, 가난한 자들, 천한 자들에 대한 설교이며, 모든 짓밟힌 자, 불운한 자, 불구자, 잘못된 자들 모두가 벌이는 '종족'에 대한 반란이다. **사랑의 종교**로서 사라지지 않는 찬달라의 복수심……

5.

훈육의 도덕과 **길들임**의 도덕은, 그것들이 사용하는 수단들이란 면에서, 서로 완벽하게 어울린다. 도덕을 **만들기** 위해서는 인간이 정반대의 절대적 의지를 갖고 있어야만 한다는 점을 우리는 최고의 명제로 제시할 수 있다. 이것이 내가 오랫동안 몰두해온 가장 중요하고 **섬뜩한** 문제이며, 이것은 인류를 '개선시키는 자들'의 심리학이다. 작지만 기본적으로 겸손한 사실, 소위 **경건한 사기**는 내가 이 문제에 접근하는 첫 단추였다. **경건한 사기**는 인류를 '개선시켰던' 모든 철학자와 성직자들의 유전적 성질이었다. 마누 법전, 플라톤, 공자, 유대교의 스승, 기독교의 스승, 그 누구도 거짓말할 수 있는 **권리**에 대하여 의심하지 않았다. 이들은 **완전히 다른**

권리들에 대하여 의심하지 않았던 것이다. 이를 정식화하여 표현한다면 다음과 같다. "지금껏 인류를 도덕적으로 만든 **모든 수단들**은 근본적으로 **비도덕적**이었다."

독일인들에게 부족한 것

1.

오늘날 독일인들은 정신을 가진 것만으로는 충분하지 않다. 독일인들은 정신을 쟁취해야만 하고, 정신을 **끄집어내어야만** 한다. 아마 나는 독일인들을 알고 있겠지, 그러므로 아마 나는 그들에게 몇몇 진리를 말해도 될 거다. 새로운 독일은 물려받고 훈련된 다량의 유능함을 보여주고 있다. 그래서 힘이라는 축적된 보배를 당분간 허비해도 되겠지. 새로운 독일과 더불어 지배자가 된 것은 높은 수준의 문화가 **아닐** 뿐만 아니라, 섬세한 취향, 본능의 고귀한 아름다움은 더더욱 아니다. 그러나 이것들은 유럽의 어떤 나라가 제시할 수 있는 것보다 **더 남성적인** 덕들이다. 훨씬 더 뛰어난 용기와 자신에 대한 존경, 훨씬 더 안정적인 사회적 교류와 호혜적 의무 실행, 탁월한 근면함과 지구력. 그리고 브레이크보다는 자극을 필요로 하는 물려받은 절제가 그것들이다. 여기에 복종하는 것을 나는 부가하겠다. 그러나 여기서 복종은 비굴함을 의미하지 않는다. 그리고 아무도 자신의 적을 경멸하지 않는다는 점……

내가 독일인들이 공정해지기를 소망한다는 것을 사람들은 알고 있다. 여기서 나는 내게 충실하지 않을 수 없다. 그래서 나는 독일인들에게 나의 이의 제기를 반드시 해야 한다. 권력에 접근하기 위해서는 많은 대가가 요구된다. 권력은 **명청하게** 만든다. 사람들은 독일인을 한때 사상가들의 민족이라고 칭하였다. 이들은 오늘날 여전히 사색하는가? 독일인들은 이제 정신에 권태를 느끼고, 정신을 불신한다, 정신적인 것들에 대한 모든 진지함을 정치가 집어삼킨다. "**독일, 최고의 독일**", 이것이 독일 철학의 종말이 아닌가 하고 나는 두려워하였다. "독일 철학이라는 것이 현재 있는가? 독일 시인이 있는가? **좋은** 독일 책들이 있는가?" 외국에서 사람들은 내게 묻는다. 절망스러운 경우처럼 얼굴을 붉히지만 용기를 갖고 나는 대답했다. "그럼요, **비스마르크가 있죠!**" 오늘날 사람들이 어떤 책들을 읽는가를 내가 고백해도 괜찮을까? 평범함이라는 저주받은 본능!

2.

독일 정신이 무엇인가에 대해서 생각하면 우울하지 않은 사람이 있겠는가? 그러나 이 민족은 약 천 년 전부터 제멋대로 스스로를 우둔하게 만들었다. 술과 기독교라는 두 개의 중대한 유럽의 마약이 이렇게 악의적으로 오용된 곳은 없다. 또 여기에다 독일 음악이라는 세 번째 마약이 첨가되었다. 변비에 걸리고, 변비를 일으키는 우리의 독일 음악만으로도 족히 모든 정신의 섬세하고 용감한 활동성에 최후의 일격을 가할 수 있다. 짜증나는 무거움, 소음, 마비, 축축함, 나이트가운이 독일 지성에 얼마나 많이 깃들여 있는가! 얼마나 많은 **맥주**가 독일 지성에 깃들여 있는가! 가장 정신적인 목적에 자신의 존재(Dasein)를 헌신하는 청년들이, 정신성의 일차적 본능인 **자기 보존 본능**을 자각하지 못하면서, 맥주를 마신다는 것이 도대체 어떻게 가능한가? 학식 있는 청년들의 알콜리즘은 이들의 학문의 목적에 아무런 문제가 되지 않을 수도 있다. 우리는 정신 나가도 위대한 학자일 수 있지 않은가. 그러나 다른 모든 점에서 보면 이는 큰 문제이다. 맥주가 정신에 초래하는 부드러운 타락을 어디서 발견하지 못하겠는가! 이전에 나는 독일의 첫 번째 자유정신인 **영리한** 다비드 슈트라우스의 타락, 지금은 유명한 경우를 지적한 적이 있다. 맥주 집 의자에 걸 맞는 복음과 '새로운 신앙'의 창시자인 다비드 슈트라우스의 경우 말이다.[12] 그가 '사랑스러운 갈색 여인'에게 시로 찬사를 바친 것은 헛된 짓이 아니었다. 죽기까지 '신의'를 지키겠다는……

12　니체는 다비드 슈트라우스를 전형적인 속물로 비판하고 있다. 프리드리히 니체《반시대적 고찰》제1부 '다비드 슈트라우스: 고백자와 저술가' 참조.

3.

나는 독일 정신에 대하여 말했다. 독일 정신은 더 조잡해지고 천박해졌다. 이것으로 충분한가? 사실 근저에서 나를 경악하게 한 것은 완전히 다른 것이었다. 정신적인 문제에서 어떻게 해서 독일적 진지함, 깊이, **열정**은 점점 더 쇠락의 길을 가는가? 지성뿐만 아니라 **파토스**가 변해버렸다. 나는 여기저기서 독일 대학들을 감지한다. 대학의 배운 자들을 지배하는 분위기는 어떤 것인가? 얼마나 황량하고, 얼마나 스스로 만족하고, 미지근해져버린 정신성인가! 여기서 누군가가 독일 학문을 이의로서 제기한다면 이것은 심대한 오해일 것이다. 그리고 이는 그가 나의 글을 전혀 읽지 않았다는 증거이다. 나는 17년 전부터 오늘날 학문 운영의 **탈정신적** 영향력을 힘차게 조명해왔다. 현대 학문의 무시무시한 방대함은 개개인을 힘든 노예성에 예속되도록 유죄 판결을 내린다. 중요한 이유는 보다 완전하고, 풍부하고, **심오한** 본성에 맞는 교육과 **교육자들**이 더이상 없기 때문이다. 우리의 문화는 주제 넘는 건달과 파편화된 휴머너티에 의해서 고통 받고 있다. **본의 아니게** 우리 대학들은 이러한 종류의 정신의 본능적 위축을 위한 온실인 것이다. 전 유럽이 이미 이것을 알고 있다. 큰 정치는 아무도 속이지 않는다. 독일은 점점 더 유럽의 **저지대**로 여겨진다. 나는 나의 방식으로 진지하게 대할 수 있는 독일인을 **찾고 있다**. 나는 심지어 함께 명랑해도 좋을 독일인을 더욱더 찾고 있다! **우상의 황혼**. 한 은둔자가 여기서 **어떤 종류의 진지함**으로부터 원기를 회복하고 있는가를 오늘날 아는 자가 있을까! 명랑함은 우리가 우리를 이해함에 있어서 가장 난해한 것이다.

4.

대충 계산해보자. 독일 문화가 하락하고 있다는 것뿐만 아니라, 충분히 그 이유가 있다는 것 또한 분명하다. 아무도 자신이 가진 것보다 더 많이 지출할 수는 없다. 이것은 개인, 민족들에게도 해당된다. 만약 우리가 권력, 위대한 정치, 경제, 국제 교류, 의회주의, 군사적 이해를 위하여 우리의 에너지를 지출하면, 만약 사람의 오성, 진지함, 의지, 자기 극복을 **이** 방면을 위해서 써버린다면, 다른 쪽은 없게 된다. 문화와 국가는 서로 적대자이다. 여기서 우리를 속이지 말아야 한다. '**문화 국가**'라는 것은 단지 근대적 이념에 불과하다. 한쪽은 다른 쪽 덕에 생존한다. 한쪽은 다른 쪽의 희생 때문에 번영한다. 문화의 모든 위대한 시대는 정치적 하락기였다. 문화적 의미에서 중요한 것은 비정치적인 것, 심지어 **反정치적**인 것이었다. 괴테의 마음은 나폴레옹 현상에 열렸었고, '자유를 위한 전쟁'에 의해서 **닫혀** 버렸었다. 독일이 거대 권력으로 등장하는 순간, **문화 권력**으로서 프랑스는 또 다른 중요성을 획득하였다. 오늘날 이미 정신의 훨씬 더 새로운 진지함, 훨씬 더 새로운 **열정**이 파리로 옮겨졌다. 예를 들면, 페시미즘에 대한 질문, 바그너에 대한 질문, 모든 심리학적, 예술적 질문들은 독일보다, 파리에서 비교할 수 없을 정도로 훨씬 더 정교하고, 훨씬 더 철저하게 숙고된다. 독일은 이런 종류의 진지함에 **무능하다**. 유럽 문화의 역사에서 '**독일 제국**'의 등장은 무엇보다도 **무게 중심의 이동**을 의미한다. 사람들은 도처에서 이미 이를 알아채고 있다. 핵심적 문제에서, 이것은 문화인데, 독일인들은 더이상 고려의 대상이 아니다. 사람들은 독일인들이 유럽적 기준에 합당한 정신을, 괴테, 헤겔, 하인리히 하이네, 쇼펜하우어 같은 정신을 보여줄 수 있느냐? 라고 묻는다. 더이상 독일 철학자가 없다는 사실은 놀랍기 그지없다.

5.

독일 고등 교육제도에는 핵심이 빠져있다. **목적**과 목적에 이르는 **수단**이 빠져있다. 교육, **교양**이 목적이지 '제국'이 목적이 **아니다**. 교육과 교양이라는 목적을 위해 **교육자**가 필요한 것이다. 고등학교 교사와 대학의 지식인들이 목적이 **아니라는** 것을 사람들은 잊어버렸다. **자신들도 교육을 받은 자인** 교육자들은, 매순간 말과 침묵을 통해서 증명된 탁월하고, 고귀한 정신, 교육자는 성숙하고 달콤한 문화의 대변자이어야만 하지, 오늘날 고등학교와 대학교에서 청년들에게

제공되는 '고등 보모'로서 배웠다는 조야한 인간이 필요한
것은 **아니다**. 예외 중의 예외를 제외한다면 교육의 **첫 번째**
전제 조건인 교육자가 **없다**. 따라서 독일 문화는 하강한다.
매우 드문 예외는 나의 경애하는 친구 바젤대학의 야콥 부
르크하르트(Jakob Burckhardt)이다. 바젤대학이 인문학에서 두
각을 나타내는 것은 그의 덕택이다. 독일의 '고등 교육 학교
들'이 달성한 것은 사실은 하나의 잔혹한 조련이다. 이것은
최소한의 시간 소비로 최대한의 많은 젊은이들을 국가 봉사
에 유용하도록, **오용할 수 있도록** 만드는 것이다. '고등 교육'
과 **다수의 사람**은 본디 서로 모순되는 것이다. 모든 고등 교
육은 예외적인 사람에게 해당되는 것이다. 이런 높은 특권에
대한 권리를 갖기 위해서, 우리는 특권화 되어 있어야만 한
다. 모든 위대한 것, 모든 아름다운 것은 결코 공유재가 아니
다. **아름다움은 아주 적은 사람의 것이다.** 무엇이 독일 문화
의 하강을 초래하였나? 그것은 '고등 교육'이 더이상 **특전**이
아니라는 점이다. '보통화', 공통화되어버린 **'교양'**의 민주주
의가 그것이다. 병역 특혜가 고등교육학교 입학을 **너무 많게**
한다는 사실을, 고등 교육의 하강을 강제한다는 점을 잊어서
는 안 된다. 오늘날 독일에서 자유롭게 자녀들에게 고상한
교육을 제공할 수 있는 사람은 없다. 우리의 '고등교육기관
들'은 교사, 교육 계획, 교육 목적에서 매우 애매한 평범함을
지향하고 있다. 그리고 도처에 점잖치 못한 조급함이 지배

적인 것이 되었다. 그것은 23세의 청년이 아직 '완성되지 못했'거나 어떤 직업을? 이라는 중요한 질문에 대한 대답을 모른다면 마치 무엇인가 빠진 것처럼 생각하는 조급함이다. 실례를 무릅쓰고 말하자면, 보다 고상한 인간은 자신의 소명을 정확히 알기에 '직업'을 좋아하지 않는다. 그는 시간을 갖고, 서두르지 않으며, '완성'이라는 생각은 아예 하지 않는다. 고급 문화라는 의미에서 보자면 30살이라는 나이는 초보자, 어린이일 뿐이다. 우리의 초만원 고등학교, 과적되고 어리석게 되어버린 고등학교 교사들은 하나의 스캔들이다. 최근 하이델베르크 교수들이 했던 것처럼 이런 상태들을 옹호할 수도 있을 것이다. 여기에 **이유**는 있을 수도 있겠지만 합당한 근거는 없다.

6.

반박이나 비판은 부득이 간접적으로 하고, **긍정**을 기본으로 하는 내 스타일에서 벗어나지 않기 위해서, 나는 우리가 교육자를 필요로 하는 세 가지 과제를 설정한다. 우리는 **보는** 법을 배워야 한다. 우리는 **생각하는** 법을 배워야 한다. 우리는 **말하고 쓰는** 법을 배워야 한다. 세 가지 과제의 목적은 모두 고상한 문화이다. **보는 법**을 배우는 것은 눈에게 휴식, 인내, 사물이 다가오도록 놔두는 것에 익숙해지는 것이다. 판단을 유보하고 개개의 경우를 모든 면에서 살펴보고 이것을 포괄하는 것을 배우는 것이다. 이것이 정신성을 위한 **첫째가는** 학교 이전의 교육이다. 이것은 자극에 즉각적으로 반응하는 것이 **아니라**, 오히려 자극을 억제하고 차단하는 본능을 습득하는 것이다. 내가 이해한 바로 **보는 법**을 배우는 것은 비철학적인 용어로 '강한 의지'와 거의 같은 것이다. 여기서 본질적인 것은 '의지'가 **아니라** 결정을 연기하는 **능력이다.** 모든 비정신성, 천박함은 자극에 저항할 수 없음에 기인한다. 즉 모든 충격에 반응해야만 되는 것이다. 많은 경우에 이런 강제는 벌써 질병, 쇠락, 고갈됨의 증후이다. 악덕이라 불리는 거의 모든 철학적 조야함은 반응할 수 **없는** 생리학적 무능력에 지나지 않는다. 보는 법을 배웠다는 것은 우리가 학습자로서 **대체적으로** 느리게, 불신하게, 저항하게 됨을 뜻한다. 사람들은 모든 종류의 낯설고 **새로운** 것을 우선, 적의에 찬 고요함 속에서 맞이하게 된다. 그래서 우선 사람들은 그들의 손을 거두게 되는 것이다. 모든 문을 열어 두는 것, 모든 사소한 사실 앞에서도 공손히 굽실거리는 것, 언제든지 타인이나 사물 안으로 들어가고, **뛰어들** 준비가 되어있다는 것, 요약하자면 근대적 객관성이라는 것은 나쁜 취향이며, 무엇보다도 **저속한 것이다.**

7.

생각하는 법을 배우는 것. 우리 학교들은 이에 대한 개념을 더이상 갖고 있지 않다. 대학에서뿐만 아니라 철학을 배운 지식인들에게서조차 이론으로서, 실천으로서, **기예**로서 논리학은 사멸하기 시작하였다. 독일 책들을 읽어보라. 그 책들에는 생각하는 것은 기술, 교육 계획, 숙련에 대한 의지가 필요하다는 것, 생각하는 법을 배우는 것은 춤을 배우 것과 비슷하며 **일종의** 춤이라는 것에 대한 희미한 기억조차 없다. 정신적인 것의 가장 **가벼운** 발걸음을, 모든 근육으로 넘쳐흐르게 하는 세련된 전율을, 경험으로부터 알고 있는 독일인이 누가 있단 말인가! 정신적 동작의 경직된 조야함, 움켜쥘 때 **굼뜬** 손, 이것이 외국에서 사람들이 독일적 본질이라고 혼동하는 바로 그 독일적인 것이다. 독일인은 뉘앙스를 느낄만한 **손가락**이 없다. 독일인들이 철학자들을 단지 참고 견디어내었다는 것은, 무엇보다도 가장 기형적인 개념의 불구인 **위대한** 칸트를 견디어 내었다는 것은, 독일적 기품에 대한 적지 않은 의미를 준다. 즉 모든 형태의 춤은 **고귀한 교육**에서 배제될 수 없다. 발과 더불어, 개념들과 더불어, 단어들과 더불어 **춤출** 수 있어야 한다. 펜과 더불어 춤을 출 수 있어야만 한다는 것, **쓰는 것**을 배워야만 한다는 것을 내가 다시금 말해야만 하는가? 그러나 이 점에서 나는 독일 독자들에게 완전한 수수께끼가 되어 버릴 것이리라.

어느 반시대적인 인간의 만평

1.

내가 받아들일 수 없는 자들

세네카: 또는 덕 있는 투우사, **루소**: 또는 자연스러운 불결인 자연으로의 복귀, **실러**: 또는 재킹엔의 도덕 나팔수,[13] **단테**: 또는 무덤에서 **시를 짓는 하이에나**, **칸트**: 또는 위선으로서 예지적 특성, **빅토르 위고**: 또는 난센스의 바다에 있는 등대, **리스트**: 또는 여자들을 위한 능숙함의 학교, **조르주 상드**: 또는 넘치는 우유, 독일어로 말하자면 아름다운 문체를 지닌 암소, **미슐레**: 또는 치마를 벗어버리는 감격, **칼라일**: 또는 소화가 제대로 되지 않은 점심 식사, **존 스튜어트 밀**: 또는 불쾌한 명료함, **공쿠르 형제**: 또는 호메로스와 싸우는 두 명의 아약스(Ajaxe),[14] 오펜바흐의 음악, **졸라**: 또는 악취를 풍기는 즐거움.

---

13 독일의 시인 Joseph Victor von Scheffel(1826-1886)의 작품 'Der Trompeter von Säckingen.'을 가리킨다.

14 트로이의 전사.

2.

르낭(Renan)

신학, 또는 '원죄'(기독교)에 의한 이성의 부패. 르낭 감정서, 그가 일반적인 종류의 긍정과 부정을 감행하기만 하면, 그는 규칙성을 잘못 파악한다. 예를 들면, 그는 **학문**과 **고귀함**을 하나로 결합하고자 한다. 그러나 **학문**이 민주주의에 속한다는 것은 명백하다. 그는 적지 않은 야망을 갖고 정신의 귀족주의를 표현하고자 원하였다. 그러나 그는 동시에 이와 반대되는 가르침인 '**천한 자들의 복음**'에 무릎을 꿇었다. 비단 무릎을 꿇었던 것만은 아니다. 내장에 기독교인, 가톨릭교인, 더욱이 성직자가 남아 있다면 모든 자유정신성, 근대성, 조소, 기회주의적 유연함이 무슨 소용이 있는가? 르낭은 예수회 회원과 고해 신부들처럼 오도(誤導)하는 것에 재능이 있었다. 그의 정신성에는 성직자 같은 히죽거림이 없지 않고, 모든 성직자처럼 그가 사랑하는 순간 그는 위험한 인물이 된다. 삶을 위협하는 방식을 숭배함에서 그 누구도 르낭과 비교될 수 없다. **쇠약하게 만드는** 르낭의 정신은 불쌍하고, 병들고, 의지가 병든 프랑스에는 재앙 그 이상이다.

3.

생 뵈브(Saint-Beuve)

남자다움은 없다. 모든 남성적 정신에 대하여 자잘한 분노를 가득 품고 있다. 섬세하고, 호기심에 차서, 지루해하며, 비밀을 캐내듯이 이리저리 배회한다. 그는 기본적으로 여성적 복수심과 여성적 감성을 지닌 여성적 인간이다. 심리학자로서 그는 **비방**의 천재이며, 비방을 위한 수많은 수단을 갖고 있다. 칭찬과 독을 섞는 데 있어서 그보다 뛰어난 이는 없다. 그의 심층의 본능은 천박하고 루소의 **원한**과 닮았다. 그러므로 그는 낭만주의자이다. 왜냐하면 모든 **낭만주의**에는 루소의 복수심이 투덜거리며 이글거리기 때문이다. 혁명가이지만 그는 공포심 때문에 아직은 억제하고 있다. 힘을 가진 것 앞에서 그는 자유롭지 못하다(여론, 학술원, 궁정, 심지어 포르 루알[15] 앞에서). 인간과 사물에 있어서 위대한 것, 스스로를 신뢰하는 것에 대해서 그는 격분한다. 시인과 반쯤 여자인 사람도 위대함이 힘이라는 것을 느낄 수 있다. 계속해서 밟히고 있다고 느끼기에 벌레처럼 그는 계속 구부리고 있다. 그는 기준, 꾸준함, 기개는 없지만 많은 것들에 대하여 말하는 코즈모폴리턴적인 **자유인**의 혀는 갖고 있다. 그러나 그는 자신의 **자유로움**을 고백할 용기는 없다. 철학 없는 역사가, 철학적 통찰의 **힘**이 없기에 모든 중요한 문제 판단을 거절하면서 '객관성'이라는 허울로 가리는 것이다. 그는 훨씬 더 섬세하고 낡은 취향이 가장 중요할 때는 다르게 행동

---

15 종교개혁 시기 얀센주의의 중심지이다. 프랑스에 있다.

한다. 여기서 그는 자신에 대한 용기와 즐거움을 갖는다. 이 분야에서 그는 **대가**이다. 몇 가지 점에서 그는 보들레르의 전조이다.

4.

《그리스도를 본받아(Die imitation Christi)》[16]

이 책은 내가 생리적 저항감 없이는 손에 들 수 없는 책에 속한다. 이 책은 영원한 여성과 같은 향수 냄새를 풍긴다. 이를 감당하기 위해서는 프랑스인이거나 바그너주의자이어야만 하리라. 이 성자는 파리 여자들조차 호기심을 일으키는 사랑에 대해서 말한다. 사람들은 내게 말한다. **가장 영리한** 예수회 회원이며, 학문이라는 **우회로**를 통하여 프랑스인들을 로마로 향하게 하고자 하였던 콩트가 이 책에서 영감을 얻었노라고. 나는 이 책이 '마음의 종교'에 대한 책이라고 믿는다.

5.

조지 엘리엇[17]

그들은 기독교의 신에서 벗어났다. 그래서 더욱더 기독

---

16 토마스 아 켐피스(1380-1471)의 저작 《그리스도를 본받아》.
17 영국의 여성 소설가(1819-1880).

교적 도덕을 꼭 붙들어야만 한다고 믿고 있다. 이것은 **영국적인** 추론이며, 우리는 이를 엘리엇식의 도덕적 여성성이라고 곡해하기를 원하지 않는다. 영국에서는 신학으로부터의 조그만 해방조차도 끔찍한 방식으로 다시금 도덕 광신자에 대한 추앙으로 이끈다. 이것은 영국에서 사람들이 지불하는 대가이다. 영국인들과 다른 우리에게는 사정이 다르다. 기독교 신앙을 포기한다면 기독교 도덕에 관한 권리도 버려야 한다. 기독교 도덕은 그 자체로 **결코** 자명한 것이 아니다. 영국적 멍청이와 달리 이 점은 재차 분명히 밝혀져야 한다. 기독교는 체계이며, 사물에 대하여 종합적으로 사유된 관점, **전체적** 관점인 것이다. 기독교에서 주요 개념인 신에 대한 믿음을 떼어내 버리면 전체가 무너져버린다. 필연적인 것은 아무것도 더이상 남지 않게 된다. 기독교는 인간이 자신에게 무엇이 선하고 악한가에 대해서 알지 못하고 알 **수도** 없다는 것을 전제로 한다. 그것에 대해서 유일하게 알고 있는 신을 인간은 믿고 있는 것이다. 기독교 도덕은 하나의 명령이며, 이것의 근원은 선험적인 것이다. 기독교 도덕은 모든 비판, 모든 비판할 권리의 저편에 존재한다. 기독교 도덕은 신이 진리일 경우에만 진리이다. 이 도덕의 흥망성쇠는 신에 대한 믿음에 달려 있다. 영국인들은 자신들은 '직관적으로' 무엇이 선과 악인지 알 수 있다고 믿고, 따라서 도덕의 보증으로서 기독교를 더이상 필요로 하지 않는다고 잘못 생각한다. 이것 자체가 기독교적 가치의 지배의 **결과**일 뿐이며, 이 지배력의 **강함**과 **깊이**에 대한 표현일 뿐이다. 이렇게 해서 영국적 도덕의 근원이 망각되었고, 매우 제한적인 이 도덕의 존재 근거를 더이상 감지할 수 없게 되었다. 왜냐하면 영국인들에게 도덕은 더이상 문제가 아니기 때문이다.

6.

조르주 상드

나는 그녀의 《어느 여행자의 편지》의 첫 번째 편지를 읽었다. 루소에게서 비롯되는 모든 것이 그렇듯이 이 작품은 왜곡되고, 날조되고, 허풍스럽고, 과장되었다. 나는 이런 다채로운 벽지 같은 문체를 참을 수 없다. 관대한 감정을 바라는 천민적 야심 또한 나는 견딜 수 없다. 물론 최악은 남성성, 버릇없는 청년의 태도가 곁들여진 교태이다. 그럼에도 불구하고 그녀, 이 견딜 수 없는 예술가는 얼마나 차가웠던가! 그녀는 시계처럼 자신을 감았다. 그리고 그녀는 썼다. 위고, 발자크, 모든 낭만주의자들이 창작할 때처럼 차갑게! 나쁜 의미에서 어떤 독일적인 것을 지닌 이 다산하는 문학 암소는 얼마나 뽐내며 누워 있었던가! 그녀의 스승 루소처럼! 상드는 프랑스적 취향의 쇠락 이후에야 등장할 수 있었던 것이다. 그러나 르낭은 그녀를 존경한다.

7.

심리학자들을 위한 도덕

책 장사꾼 심리학을 하지 말라! 관찰하기 **위한** 관찰을 하지 말 것! 이것은 왜곡된 관점을 부여하고, 곁눈질하게 하며, 강요된, 과장된 것을 제공한다. 체험하기 **원함**으로서의 체험은 성공하지 못한다. 체험 중일 때 자신을 바라보아서는 **안 된다.** 그러면 시선은 '악한 시선'이 되어버린다. 본능적으로 타고난 심리학자는 보기 위해서, 보는 것으로부터 자신을 보호한다. 이는 타고난 화가의 경우도 마찬가지이다. 그는 '자연에 따라' 작업하지 않는다. 그는 자신의 본능이, 자신의 **바늘구멍 사진기**가 '사건', '자연', '체험'을 걸러내고 표현하게 한다. **일반적인 것**이 우선 그의 의식, 결론, 결과로 다가온다. 그는 개별적인 사례에서 자의적으로 추상하는 법을 알지 못한다. 우리가 다르게 행할 때 무슨 일이 생길까? 예를 들면 파리의 소설가들처럼 대소 간에 책 장사꾼 심리학을 한다면 무슨 일이 생길까? 이는 사실을 잠복해서 기다리다가, 저녁마다 한줌 가득 신기한 것들을 집으로 가져오는 것과 같다. 그러나 무엇이 최종적으로 초래되는지 보자. 얼룩 덩어리, 잘해봤자 모자이크, 결국 무언가 함께 갖다 붙인 것, 불안한 것, 색깔들의 아우성일 뿐이다. 공쿠르 형제[18]가 최악의 경우

---

18 프랑스의 소설가 Edmond-Louis-Antoine Huot de Goncourt(1822-1896)와 Jules-Alfred Huot de Goncourt(1830-1870) 형제를 말한다.

이다. 이들이 세 문장을 작성하면, 눈을 아프게, **심리학자**의 눈을 아프게 한다. 예술적으로 평가하자면 자연은 모델이 아니다. 자연은 과장하고, 일그러뜨리고, 틈을 남긴다. 자연은 **우연**이다. '자연을 따르는' 연구는 내가 보기에는 예속, 약함, 숙명론을 드러내는 어떤 나쁜 징후이다. **사소한 사실들** 앞에서 맥을 못 추게 된다는 것은 전체 예술가들의 체면을 깎는 짓이다. **있는 대로** 본다는 것은 다른 종류의 정신에 속한다. 즉 **反예술적이고**, 사실주의적인 정신에 속한다. 인간은 인간이 **누구인지** 알아야만 한다.

8.

예술가들의 심리학

예술이 존재하려면, 어떤 미적 행위와 관조가 있으려면, 생리학적 전제, 즉 **도취**가 있기 마련이다. 도취가 존재하기 위해서는 우선 전체 조직이 자극에 고조되어 있어야만 한다. 이 이전에는 예술이 있을 수 없다. 다양한 종류의 도취는 예술을 탄생시키는 힘을 갖고 있다. 무엇보다도 가장 오래되고 시원적인 도취 형태인 성적 자극에 의한 도취가 그렇다. 또한 모든 거대한 갈망, 거대한 격정의 결과로 인한 도취도 마찬가지다. 축제, 경기, **용감한** 행위, 승리, 모든 극단적 움직임의 도취도 그렇다. 잔인함의 도취. 파괴할 때의 도취, 특정한 기상 조건의 영향에 따른 도취, 예를 들면 봄날의 도취, 마취에 따른 도취. 마지막으로 의지의 도취, 축적되고 부풀어 오른 의지에 의한 도취. 도취의 본질은 힘의 고조와 충만의 느낌이다. 이러한 느낌에서 인간은 사물에 자신을 발산하며, 우리를 받아들이기를 사물에 **강요하며**, 사물에 폭력을 가한다. 우리는 이러한 과정을 **이상화**(理想化)라고 칭한다. 여기서 하나의 편견에서 벗어나자. 이상화는 보통 믿는 것처럼 사소한 것, 부차적인 것을 떼어버리거나, 덜어내는 것이 **아니다**. 오히려 특성들이 드러나도록 엄청나게 **몰아대서** 다른 것들은 사라져버리게 하는 것이 중요한 것이다.

9.

이 상태에서 우리는 자신의 충만함으로 모든 것을 풍요롭게 한다. 우리가 보는 것, 원하는 것을, 우리는 부풀어 오르고, 긴장되고, 강하고, 힘이 과하게 실린 것으로 본다. 이 상태의 인간은 사물이 자신의 힘을 반영할 때까지, 사물이 자신의 완전성의 반사일 때까지, 사물을 변형시킨다. 완전한 것으로 **변형시켜야만 한다**는 것, 이것이 예술이다. 그럼에도 불구하고 자신이 아닌 모든 것에서 즐거움 자체를 느낀다. 예술에서 인간은 자신을 완전성으로서 즐긴다. 이와 반대로 본능의 특수한(spezifisch) 反예술가성을 생각해 볼 수 있다. 그것은 사물을 빈곤하게 하고, 묽게 하고, 폐병처럼 만드는 것이다. 사실상 역사에는 이러한 反예술가들, 삶에 굶주려 지

친 자들이 많다. 이들은 필연적으로 사물을 착복하고, **쇠약하**
게 하고, 여위게 만든다. 진정한 기독교인이 그 예인데, 파스
칼의 경우가 그러하다. 기독교인이면서 동시에 예술가**일 수**
는 없다. 유치하지 말지어다. 라파엘이나 19세기 그와 유사
한 기독교인을 예로 들면서 나를 반박하지 마라. 라파엘은
예라고 말했었다. 라파엘은 긍정**했었다**. 그러므로 라파엘은
기독교인이 아니었다.

10.

도취의 종류로서 내가 미학에 도입한 **아폴론적인** 것과
디오니소스적인 것의 대조 개념은 무엇을 의미하나? 아폴론
적 도취는 무엇보다도 눈을 자극하여 눈에 환상의 힘(die kraft
der Vision)을 갖게 한다. 화가, 조형 예술가, 서사 시인은 **진정**
한 의미에서 환상가들이다. 이와 반대로 디오니소스적 도취
상태는 전체 정서 시스템을 자극하고 고조시킨다. 따라서 정
서 시스템은 표현의 모든 수단을 한꺼번에 표출한다. 그리
고 묘사, 모방, 변형, 변화의 힘과 모든 종류의 흉내와 연기
를 토해낸다. 여기서 본질적인 것은 변형하기 쉬움, 반응하
지 **않을 수** 없음이다(마치 모든 신호에 반응하여 그에 맞게
모든 역할을 하는 히스테리 환자처럼). 암시를 이해하지 못
한다는 것은 디오니소스적 인간에게는 가능하지 않다. 그는
정서의 표식도 간과하지 않는다. 그가 전달함에 있어서 최상

의 기예를 소유하고 있는 것처럼, 그는 이해하고 추측하는 본능에 있어서 최상급이다. 그는 모든 피부와 정서를 파고든다. 그는 끊임없이 자신을 변모시킨다. 오늘날 우리가 음악을 이해하는 것처럼, 음악은 정서의 총체적 자극, 표출이다. 그럼에도 불구하고 음악은 훨씬 더 충만한 정서가 표현된 세계의 잔여물, 즉 디오니소스적 연기의 **잔재**일 뿐이다. 특별한 예술로서 음악을 가능하게 하기 위해서 인간은 몇몇 감각들, 무엇보다 근육 감각을 정지시켰다(적어도 상대적으로는, 왜냐하면 리듬은 어느 정도 우리의 근육에게 말을 걸기 때문이다). 그래서 인간은 더이상 그가 느끼는 모든 것을 바로 육체적으로 모방하거나 표현하지 않는다. 그럼에도 불구하고 **이는** 디오니소스적인 것의 정상적 상태이며, 어떤 경우에도 근원적 상태이다. 음악은 가장 유사한 능력의 포기를 대가로 이와 같은 상태를 천천히 특수화한 것이다.

11.

배우, 광대, 무용수, 음악가, 서정 시인, 이들은 본능에 있어서 비슷하며, 원래 하나이다. 단지 점차 개별화되었고, 서로 모순될 정도까지 분리되었다. 서정 시인은 가장 긴 시간 동안 음악가와 하나였다. 마찬가지로 배우는 무용수와 하나였다. **건축가**는 디오니소스적인 것도, 아폴로적인 것도 표현하지 않는다. 건축에서 산을 옮기는 의지는 의지의 위대한

행위이다. 위대한 의지의 도취는 예술을 열망한다. 최상의
권력자들은 늘 건축가들의 영감을 고취시켰다. 건축가는 항
상 힘(Macht)의 암시하에 있었다. 건물에서 건축가는 자신의
긍지, 중력에 대한 승리, 힘에의 의지를 가시화해야 한다. 건
축은 형상을 통한 힘의 웅변이며, 설득이자, 아부이자, 명령
이기도 하다. 힘과 안전에 대한 최고의 느낌은 **위대한 양식**
속에서 드러난다. 증명을 더이상 필요로 하지 않는 힘, 누군
가에 마음에 든다는 것을 경멸하는 힘, 쉽게 대답하지 않는
힘, 자신의 주변에 아무런 증인도 없다고 느끼는 힘, 자신에
대한 반대가 있다는 것을 의식하지 않고 사는 힘, **자신** 안에
서 편히 쉬는 힘, 숙명적으로 법칙들 중의 하나의 법칙으로
서 힘. **이것들이** 위대한 양식이 스스로 말하는 것이다.

12.

나는 **토마스 칼라일**의 인생을 읽었다. 알지도 못하고, 본
의 아니게 벌여진 이 광대극을, 소화 불량 상태의 영웅적, 도
덕적 해석을 말이다. 칼라일, 강렬한 단어와 태도의 사나이,
긍지에 몰려 연설하는 자, 지속적인 강한 믿음에 대한 열망
에 자극받는 자. 게다가 무능한 느낌(여기서 그는 전형적인
낭만주의자이다!). 강한 믿음에 대한 열망은 강한 믿음에 대
한 증거가 **아니다.** 오히려 그 반대이다. **강한 믿음을 가진 자
는** 자신에게 회의라는 사치를 베풀어도 된다. 그는 이런 사

치를 누릴 만큼 충분히 확실하고, 충분히 굳건하고, 충분히 결합되어 있다. 칼라일은 강한 믿음을 가진 인간에 대한 강렬한 존경과 더 단순하지 않은 자들에 대한 분노를 통해 자신 안에 있는 무언가를 마취시킨다. 그는 소음을 **필요로 한다**. 자신에 대한 지속적이고, 열정적인 **부정직함**을 필요로 한다. 이것이 그의 **고유함**이며, 이로써 그는 흥미로운 자가 되며, 흥미로운 자로 잔존하게 된다. 물론 영국에서는 그의 정직함 때문에 사람들은 경탄한다. 그러나 바로 이것이 영국적인 것이다. 영국인이 위선의 민족이라는 점을 감안하면, 이는 그럴듯하며, 이해가 간다. 근본적으로 칼라일은 자신의 명예를 무신론자가 **아닌** 것에서 찾는 영국적 무신론자이다.

13.

에머슨.

칼라일보다 훨씬 계몽적이고, 방랑적이고, 다양하고, 세련되었다. 무엇보다도 에머슨은 칼라일보다 더 행복하다. 그는 본능적으로 진미(珍味)만으로 영양을 섭취하며, 사물 중에서 소화할 수 없는 것은 내버려 둔다. 칼라일에 비한다면 에머슨은 취향 있는 사람이다. 에머슨을 사랑했음에도 불구하고 칼라일은 "에머슨은 **우리에게** 씹을 것을 충분히 주지 않는다"라고 말하였다. 사실일 수도 있지만 그렇다고 에머슨에게 불리한 말은 아니다. 에머슨은 모든 심각함을 꺾어버리는 선량하고 재치 있는 명랑함을 갖고 있다. 그는 자신이 얼마나 늙었는지, 얼마나 더 젊어질 수 있는지에 대해 전혀 모른다. 그는 자신에 대해서 로페 데 베가(Lope de Vega)[19]의 말. "나는 나 자신의 계승자이다"를 인용할 수 있을 것이다. 그의 정신은 만족하고 감사해야 할 이유를 늘 발견한다. 때때로 그는 사랑스러운 밀회를 성공적으로 마치고 돌아온 신사의 명랑한 초월성을 살짝 언급한다. "힘은 없더라도 육체적 쾌락은 찬양할 만하다."

14.

反다윈.

'생존을 위한 투쟁'이라는 유명한 주장은 내게는 증명이라기보다는 주장으로 보인다. 이것은 단지 예외적으로 적용된다. 삶 전체는 위기 상황, 굶주림의 상황이라기보다 오히려, 부요함, 무성함, 불합리한 낭비이다. 투쟁이 있는 곳에서 사람은 권력(Macht)을 위해서 투쟁한다. 우리는 맬서스를 자연과 혼동해서는 안 된다. 이러한 투쟁이 있다고 가정한다면, 사실상 이것이 발생한다면, 유감스럽게도 이것은 다윈학파가 바랐던 것과, 사람들이 다윈 학파에게 바랐던 것과는 반대로 전개될 것이다. 즉 강자, 특권자, 행복한 예외자들

---

19 스페인의 극작가(1562~1635).

에게 불리할 것이다. 종들(種)은 완전성 속에서는 성장하지 **않는다.** 약자는 항상 강자에게 군림할 것이다. 약자가 다수이고 또한 이들은 **더 영리하기** 때문이다. 다윈은 정신을 망각했다(이것은 영국적인 것이다). **약자는 더 많은 정신을 소유한다.** 정신을 얻으려면 정신을 필요로 해야만 한다. 사람이 정신을 더이상 필요로 하지 않지 않을 때 정신은 사라진다. 강함을 가진 자는 정신을 포기한다("정신이 사라지게 내버려 두자. 오늘날 독일에서 사람들은 이렇게 생각한다. **독일 제국**은 우리에게 남아 있어야만 한다"). 사람들이 알듯이 나는 정신을 조심, 인내, 계략, 위장, 강한 자기 통제 그리고 모든 자기 보호와 관련된 모든 것으로 이해한다(소위 덕이라는 것의 대부분이 자기 보호와 관련된 것에 속한다).

15.

심리학자의 궤변.

심리학자가 인간을 아는 자이다. 무엇을 위해서 그는 인간을 연구하는가? 인간에 대해서 그는 크고 작은 이점을 낚아채고자 한다. 그는 정치가인 것이다. 정치가도 인간을 알고 있다. 그리고 당신들은 그는 자신을 위해서는 아무것도 원치 않으며, 그는 위대한 '비개인적' 존재라고 말한다. 좀 더 예리하게 쳐다보기를! 아마 정치가는 인간에 대해서 훨씬 **더 나쁜** 이점을 원하는 것일 수도 있다. 이는 그가 스스로 인간보다 우위에 있다고 느끼는 것, 인간을 얕보는 것, 인간과 섞이지 않아도 되는 것일 수 있다. 이 '비개인적' 존재는 인간을 **경멸하는** 자이다. 겉보기와 달리 심리학자는 훨씬 더 인간적인 종이다. 적어도 그는 자신을 인간과 동일시하고, 자신을 인간 **속에** 끼어 넣기 때문이다.

16.

독일인의 **심리적 분별력**은 여러 경우의 예에서 볼 때 의문스럽다. 나의 겸손은 이에 대한 목록을 제시하는 것을 방해한다. 그러나 이 한 경우에 나는 나의 테제를 정립할 커다란 동기가 없지 않다. 나는 **칸트**와 내가 '뒷문 철학'이라고 칭한 칸트 철학을 오해한 독일인들에게 앙심을 품고 있다. 칸트 철학은 지적 정직함의 전형이 **아니다.** 내가 듣기 싫은 또 다른 것은 악명 높은 '그리고'라는 것인데, 독일인들은 말하기를 괴테 **그리고** 실러(Goethe und Schiller)라고 한다. 나는 이들이 실러 그리고 괴테라고 할까 두렵다. 사람들은 아직도 실러를 **이해하지** 못했는가? 더 나쁜 '그리고'라는 것이 있는데, 이것을 나는 단지 대학 교수들에게서만 들었다. 그것은 '쇼펜하우어 **그리고** 하르트만'이다.

17.

가장 정신적인 사람들은 가장 용기 있는 사람들이라고

전제한다면, 이들은 가장 고통스러운 비극 또한 체험할 것이다. 하지만 이들은 삶이 이들에게 최강의 적수를 만나게 하기 때문에 오히려 삶을 경외한다.

18.
지적 양심에 대하여

오늘날 진정한 위선만큼 드문 것은 없는 듯하다. 우리 문화의 부드러운 공기는 이 진정한 위선이라는 녀석에게는 친숙하지 못하다는 강한 의혹을 나는 품고 있다. 위선은 강한 믿음의 시대에 속하는 것이다. 이 시대에 사람들은 다른 믿음을 보여줘야 할 위급 상황에서도 자신의 믿음을 버리지 않았다. 오늘날 사람들은 믿음을 저버린다. 또는 더 흔한 경우로서, 사람들은 두 번째의 믿음을 덧붙인다. 어쨌든 사람들은 **정직하기는** 하다. 오늘날 과거에 비해 훨씬 많은 수의 확신들이 가능해졌다는 것은 의심의 여지가 없다. 가능하다는 것은 확신들이 허용된다는 것이며, 이것들이 **해롭지 않다**는 것을 말한다. 여기서 자신에 대한 관용이 생긴다. 자신에 대한 관용은 보다 많은 확신들을 허용한다. 오늘날 온 세상이 그러하듯, 확신들은 서로 사이좋게 지내며, 상호 간에 체면 깎이지 않도록 스스로를 보호한다. 오늘날은 무엇이 체면을 깎이게 하는가? 사람이 시종일관할 때, 사람이 똑바로 걸어갈 때, 사람이 덜 애매할 때, 사람이 진정일 때 그러하다.

나는 현대인들이 몇몇 악덕들에 편해져서 이 악덕들이 사멸해 버리지 않을까 매우 두렵다. 강한 의지에 의해 규정되는 모든 악한 것(의지의 강함이 없이는 아마 악한 것도 없을 것이다)은 우리 시대의 우유부단한 분위기 속에서 덕으로 변질된다. 내가 아는 소수의 위선자들은 위선을 모방하고 있었다. 오늘날 열 명 중 한 명이 그러하듯 이들은 배우였다.

19.

아름다움과 추함. 아름다움을 향한 우리의 느낌만큼 조건 지워지고, 예를 들어, **제한받는** 것은 없다. 인간의 인간 자신에 대한 즐거움을 아름다움과 분리시켜 사고하고자 하는 사람은 누구나 자신이 딛고 있는 근거와 기반을 즉시 잃게 될 것이다. '아름다움 그 자체'라는 것은 단어에 불과하며, 이것은 결코 개념이 아니다. 아름다움이란 면에서 인간은 자신을 완전함의 척도로 삼으며, 특별한 경우에는 자신을 숭배하기도 한다. 인간이라는 종(種)은 이런 식으로 자신을 긍정할 수밖에 없다. 종으로서의 인간의 **가장 심층적** 본능인 자기 보존과 자기 확장 본능은 이러한 숭고함들 속에서 여전히 빛을 발한다. 인간은 세계가 아름다움으로 가득 차 있다고 믿는데, 자신이 그 원인임을 **잊고 있다**. 인간 홀로 세계에 아름다움을 선사하였던 것이다. 아! 인간적인 너무나 인간적인 아름다움을. 기본적으로 인간은 사물에 자신을 투영한다. 인간은 자신의 모습을 되돌려주는 모든 것을 아름답다고 여긴다. '아름다움'이라는 판단은 **인간이라는 종의 허영심**이다. 말하자면 인간이 세계를 아름답게 여긴다고 실제로 세계가 아름다워지는가? 하는 조그만 의혹이 회의주의자의 귀에 속삭일 수 있다. 인간이 세계를 **인간화하였다**. 이게 전부이다. 그리고 또한 바로 **인간**이 아름다움의 모델을 제공한다는 것을 보증하는 것은 없다, 결단코 없다. 더 높은 취향을 가진 자의 눈에 인간이 어떻게 비칠지 누가 알겠는가? 아마 감히 도전하는 것처럼, 아마 스스로 유쾌한 것처럼, 아마 조금은 자의적인 것처럼 비칠지 누가 알겠는가?

아리아드네는 유명한 일화에서 "오 신성한 디오니소스여, 당신은 왜 나의 귀를 잡아당깁니까?"라고 그의 철학자 연인에게 낙소스 섬에서 물어본 적이 있다. "아리아드네여, 나는 당신의 귀가 우습소이다. 당신의 귀는 왜 더 길지 않소?"

20.

아무것도 아름답지 않다. 인간만이 아름답다. 이런 순진함에 모든 미학이 기초하고 있고, 이 순진함은 미학의 **으뜸가는** 진리이다. 두 번째 진리를 즉각 부가하여 보자. **퇴화된** 인간처럼 추한 것은 없다. 이렇게 하여 미적 판단의 영역이 경계 지워졌다. 생리학적인 것을 추가하자면, 모든 추한 것은 인간을 약하게 하고 우울하게 한다. 이것은 우리에게 쇠퇴, 위험, 무기력을 상기시킨다. 사실상 인간은 이 과정에서 힘을 잃는 것이다. 추한 것의 효력은 동력계(動力計)로 측정할 수 있다. 일반적으로 인간이 억압받는 곳에서 인간은 추한 것의 낌새를 느낄 수 있다. 인간의 힘의 느낌, 힘에의 의지, 용기, 긍지, 이런 것들은 추한 것과 쇠락하고, 아름다운 것과 상승한다. 어느 경우이든지 우리는 **하나의 결론을 내리고 있다**. 결론의 전제들은 우리의 본능 안에 엄청나게 넘치도록 쌓여 있다. 추한 것은 퇴화에 대한 신호이자 징후이다. 조금이라도 퇴화를 연상시키는 것은 우리에게 '추하다는' 판단을 하도록 한다. 고갈, 고난, 노화, 피로의 징후, 모든 종류의 부자유는 경련, 마비, 무엇보다도 해체와 부패의 냄새, 색조, 형태이다. 또한 가장 희석된 상징에서조차 이 모든 것들은 '추하다'는 동일한 반응을 야기한다. 여기서 **증오**가 발생한다. 사람은 누구를 증오하는 것일까? 여기에는 의문의 여지가 없다. **'자기 유형의 몰락'**을 증오하는 것이다. 여기서 인간은 종의 가장 심층의 본능으로부터 증오하는 것이다. 이 증오에는 경악, 주의, 나락, 전망이 들어있다. 이것은 지금껏 존재해왔던 증오 중에서 가장 깊숙한 증오이다. 이 때문에 예술에 **깊이가 있는** 것이다.

21.

쇼펜하우어. 그는 고려의 대상이 되는 마지막 독일인이 다(그는 괴테, 헤겔, 하인리히 하이네처럼 **유럽적** 사건이며, **단지** 지역적, 국가적 사건은 **아니다**). 이것은 심리학자에게 는 가장 중요한 문제이다. 쇼펜하우어의 경우, 이는 삶에 대한 허무주의적인 총체적 평가 절하를 위한 악의에 찬 천재적 시도로서, 이것과 반대되는 것들, '삶에의 의지'의 위대한 자기 긍정, 삶의 풍요한 형식들에 문제를 제기하는 것이다. 그는 **예술**, 영웅주의, 천재, 아름다움, 위대한 동정심, 지식, 진리에의 '의지', 비극을 차례차례 '부정(否定)'의 결과적 현상 또는 '의지' 부정 필요성의 결과적 현상이라고 해석했다. 이것은 기독교를 제외한다면, 역사상 가장 거대한 심리학적 날조이다. 정확히 보자면 쇼펜하우어는 기독교적 해석의 상속자에 불과하다. 그는 단지 기독교에 의하여 거부된 인류의 위대한 문화적 사실들을 또 다른 의미의 기독교적인, 즉 허무주의적 의미에서 **시인할** 줄 알았던 것뿐이다(말하자면 '구원'에 이르는 길로서, '구원'의 전조로서, '구원'을 향한 욕구의 자극제로서).

22.

하나의 개별적 예를 들어 보겠다. 쇼펜하우어는 우울한 열정으로 **아름다움**에 대해서 말한다. 궁극적 이유가 무엇인가? 왜냐하면 그는 아름다움을 **다리**로 보기 때문인데, 그 다리에서 사람들은 더 나아가거나 더 나아가고자 하는 갈망을 얻는다. 그에게 아름다움은 '의지'로부터의 찰나적 해방(Erlösung vom Willen)이다. 아름다움은 영원한 구원으로 유혹한다. 특히 그는 아름다움을 '의지의 발화점'으로부터, 성(性)으로부터의 구원자로서 칭찬한다. 아름다움에서 그는 생식 충동이 **부정되는 것**을 발견한다. 괴상한 성자로다! 누군가가 당신에게 이의를 제기하는데, 그것이 본성인 것 같아 나는 걱정이다. 무엇 때문에 소리, 색, 향기, 자연의 리듬감 있는 운동에는 아름다움이 깃들여 있는가? 무엇이 아름다움을 **추동하는** 것인가? 다행스럽게도 쇼펜하우어를 반박하는 철학자가 한 명 있다. 신적인 플라톤 (쇼펜하우어는 플라톤을 이렇게 불렀다) 못지않은 권위는 다른 명제를 정립한다. 즉 모든 아름다움은 생식을 자극하며, 이는 감각적인 것에서 정신적인 것까지 아우르는 아름다움의 작용적 특성이다.

23.

플라톤은 더 나아간다. 그는 '그리스도인'이 아니라 그리스인다운 순진함으로 이렇게 말한다, 아테네에 아름다운 청년들이 없었다면 플라톤주의 철학은 결코 존재할 수 없었다고. 그들의 모습은 철학자들의 영혼을 에로틱한 도취에 빠지게 했고, 그들의 영혼이 모든 고귀한 것들의 씨앗을 그토록 아름다운 대지에 선사할 때까지 그들을 쉬지 못하게 했던 것이다. 또 하나의 괴상한 성자여! 플라톤을 신뢰한다손 치더라도 귀를 의심할 일이로다. 최소한 우리는 아테네에서 **다른 철학**을 추측해 볼 수 있는데, 그것은 무엇보다도 공공(公共) 영역에서의 철학이었다. 스피노자식의 신에 대한 **지적 사랑**과 같은 은둔자의 개념 거미줄처럼 비그리스적인 것은 없다. 오히려 플라톤식의 철학은 에로틱한 경쟁으로서, 고대 체육경기의 그리고 이 경기의 **전제 조건들**의 지속적인 교육과 내면화라고 정의할 수 있을 것이다. 결국 플라톤의 철학적 에로틱함에서 무엇이 자라나는가? 그리스식의 경쟁의 예술, 즉 변증술이 그것이다. 나는 쇼펜하우어**에는 반대하지만**, 플라톤에게는 경의를 표하며 다음의 사실을 떠올려 본다. **고전적** 프랑스의 고상한 예술과 문학은 성적 관심이라는 토대에서 성장했다. 우리는 도처에서 그것을 통해서 여성에 대한 친절한 정중함, 관능, 성(性)적 경쟁, 여성을 찾을 수 있을 것이다. 못 찾는 일은 결코 없을 것이다.

24.

예술을 위한 예술. 예술 속의 목적에 대한 투쟁은 항상 예술의 **도덕화** 경향, 예술이 도덕에 종속되는 것에 대한 투쟁이다. 예술을 위한 예술은 '도덕을 악마가 잡아가버렸으면!' 하고 말한다. 그러나 이런 적대감 자체는 여전히 편견의 압

도적 힘을 나타낸다. 예술에서 인간을 개선시키고 설교하는
자들의 목적을 예술에서 배제하더라도, 예술에 결코 목적,
목표, 감각, 의미가 없다는 결론이 나오는 것은 아니다. 즉 예
술을 위한 예술이라는 결론이 나오는 것은 아니란 말이다.
예술을 위한 예술은 자기 꼬리를 무는 벌레 같은 것이다. "도
덕적 목적보다는 차라리 목적이 없는 것이 낫다"고 단지 정
열이 이렇게 말하고 있을 뿐이다. 이와 반대하여 어느 심리
학자는 이렇게 묻는다. 도대체 예술은 무엇을 하고 있는 건
가? 칭찬하고 있지 않은가? 찬미하고 있지 않은가? 선택하
고 있지 않은가? 끌어내지 않는가? 이 모든 것과 더불어 예
술은 어떤 가치 평가들을 **강화하거나 약화시킨다**. 이것이 단
지 부수적인 것인가? 우연인가? 예술가의 본능이 전혀 깃들
여 있지 않다는 말인가? 또는 이것들이 예술가가 **할 수 있는**
것의 전제 조건이 아니라는 말인가? 이들의 가장 심층의 본
능이 예술, 더욱이 예술의 의미, **삶, 삶의 소원들**을 향하지 않
는다는 말인가? 예술은 삶을 위한 위대한 자극제이다. 도대
체 어떻게 예술을 목적, 목표, 예술을 위한 예술로 이해할 수
있다는 말인가? 또 하나의 질문이 남았다. 예술은 또한 수많
은 추한 것, 가혹한 것, 삶의 의문스러운 것들을 표현한다. 이
것들과 더불어 예술은 삶을 망가뜨리는 것은 아닌가? 사실
상 예술에 이런 의미를 부여한 철학자들이 있었다. 쇼펜하우
어는 예술의 총체적 의도로서 '의지로부터의 해방'을 가르쳤

다. '체념'을 비극의 위대한 유용성으로서 경외하였다. 그러나 이것은 비관주의자의 관점이고 '사악한 시선'이라고 나는 시사하였다. 우리는 예술가들에게 호소하여야만 한다. '**비극적 예술가는 자신의 무엇을 전달하는가?**' 그가 표현하는 두렵고 의문스러운 것 앞에서 **두려움 없이 있는 상태**가 아닌가? 이 상태는 고상한 소원인데, 이 상태를 아는 사람은 이 상태에 최고의 경외를 표한다. 그가 예술가라면 전달의 천재라면 그는 이 상태를 전하고, 또 전해야만 한다. 강력한 적, 거대한 재앙, 소름끼치는 문제 앞에서 느끼는 감정의 용감함과 자유, 이러한 **승리의** 상태를 비극적 예술가는 선택하고 찬미하는 것이다. 비극 앞에서 우리의 영혼 안에 있는 전사는 영혼의 사티로스 축제를 여는 것이다. 고난에 익숙한 자, 고난을 찾는 자, **영웅적** 인간은 비극과 더불어 자신의 존재를 찬양한다. 오직 그에게만 비극 작가는 가장 달콤한 잔혹함의 술잔을 권한다.

25.

인간을 받아들인다는 것, 인간을 진심으로 환영한다는 것은 자유주의적인 것이다. 하지만 단지 자유주의적인 것일 뿐이다. 사람들은 가려진 창문과 닫힌 상점에서 **고상한** 손님을 환대할 줄 아는 마음을 알고 있다. 이들은 최고의 공간들은 비워둔다. 무슨 이유일까? 왜냐하면 이들은 사람들이 '받아들이지 못하는' 손님들을 기다리기 때문이다.

26.

우리는 무언가를 알릴 때, 우리 자신을 더이상 충분히 평가하지 않는다. 우리의 고유한 경험들은 결코 수다스럽지 않다. 경험이 원할지라도 경험은 스스로를 알릴 능력이 없다. 경험에 합당한 단어가 없기 때문이다. 우리가 단어로 무엇인가를 표현하고자 하지만, 이는 우리 능력을 초월해 있다. 모든 말 속에는 약간의 경멸이 있다. 말은 단지 평균적인 것, 중간적인 것, 알릴 수 있는 것을 위해 고안된 것으로 보인다. 말하는 사람은 벌써 말로써 자신을 **통속화 한다.** 귀머거리-벙어리와 다른 철학자들을 위한 도덕으로부터.

27.

"이 그림은 매혹적일 만큼 아름답다." 문학적 여성은 불만스럽고, 흥분되고, 마음과 내장이 황폐한 가운데, 늘 고통스러운 호기심으로 자신의 신체 조직 심연에서 "자녀이냐 책이냐"라고 속삭이는 명령에 귀기울인다. 문학적 여성은 자연이 라틴어로 말할 때 그것의 음성을 이해할 정도로 충분히 교육 받았다. 또한 그녀는 불어로 다음과 같이 비밀스럽게 말할 정도로 허영차고 어리석은 여자이다. "나는 나를 볼 것이며, 나는 나를 읽어 낼 것이며, 나는 나에게 황홀해 할 것이며, 나는 그리고 말할 것이다. 내가 이렇게 많은 기지(esprit)를 가지고 있다는 것이 가능한 것인가?"

28.

'비개인적인 자들'이 말한다. "우리에게 현명함, 인내함, 우월함보다 더 쉬운 것은 없다. 우리는 관용과 동정이라는 기름에 흠뻑 젖어있다. 우리는 황당무계할 정도로 정의로우며, 모든 것을 용서한다. 그러므로 우리는 서로 간에 보다 엄격해야만 한다. 그러므로 우리는 종종 사소한 격정, 사소한 못된 격정을 **육성해야만 한다**. 아마 우리 스스로 우리가 제시한 관점을 비웃을 수도 있을 것이다. 이것은 우리에게 불쾌한 것일 수 있다. 그러나 이 비웃음이 무슨 도움이 되겠는가! 우리는 자기 극복 이외에 다른 방법을 갖고 있지 않다. 이것이 **우리의** 금욕이고, **우리의** 속죄이다." **개인적으로 된다는 것**—'비개인적인 자들'의 덕.

29.

박사학위 취득. "모든 고등 교육제도의 과제는 무엇인가?" 인간을 기계로 만드는 것이다. "이를 위한 수단은 무엇인가?" 인간은 권태를 배워야만 한다. "어떻게 인간은 권태를 배울 수 있는가?" 그는 의무라는 개념을 통해서 권태를 배운다. "그의 모델은 누구인가?" 지독히 가르치는 문헌학자이다. "완벽한 인간은 누구인가?" 공무원이다. "어떤 철학이 공무원에게 최고의 형식을 제공하는가?" 칸트 철학. 칸트는 현상으로서의 공무원에 대한 재판관으로 물자체로서의 공무원을 설정한다.

30.

우둔할 권리. 선량한 눈빛으로 쳐다보며, 일이 되어가는 대로 내버려두는 지쳐 있고 천천히 숨을 쉬는 노동자. 노동의 시대, '제국'의 시대에 살고 있는 우리는 사회 모든 계층에서 이러한 모습의 사람과 마주친다. 여기에는 책을 포함한 **예술**도 한몫을 한다. 무엇보다도 잡지가 그러하다. 아름다운 자연과 이탈리아는 더 말할 필요도 없다. 파우스트가 말하는 '잠들어 버린 야성적 충동들'을 지닌 황혼의 인간은 피서, 해수욕, 빙하, 바이로이트를 필요로 한다고 말한다. 정신, 익살, 정서를 위한 일종의 휴가와 같은 것으로서 예술은 이러한 시대에 **순수한 어리석음**에 대한 권리를 갖는다. 바그너는 이것을 이해하였다. **순수한 어리석음**이 재건되는 것이다.

31.

섭생법이 갖는 또 하나의 문제. 줄리어스 시저가 병과 두통으로부터 자신을 지켰던 방법들: 엄청난 행군, 매우 단순한 생활방식, 계속되는 야외 체류, 지속적인 과로. 이것들은 대략 말하자면 미묘한 기계, 엄청난 압박하에서 작업하는 천재라고 불리는 기계의 극도의 섬세함에 맞서 자신을 보존, 방어하기 위해 취하는 방책들이다.

32.

탈도덕주의자가 말한다. **소망하는** 자보다 철학자의 취향에 거슬리는 것은 없다. 철학자가 사람이 하는 것을 단지 지켜본다면—가장 용감하고, 가장 간사하고, 가장 끈기 있는 이 동물이 미로 같은 절박한 상황에서 길을 잃어버린 것을 지켜본다면—철학자에게 인간은 얼마나 경탄스러운 존재로 보이겠나! 철학자는 인간에게 위로의 말을 할 것이다. 그러나 철학자는 소망하는 인간을 경멸하며 '바람직한' 인간 또한 경멸하며, 인간의 모든 소망과 **이상**을 경멸한다. 만약 철학자가 허무주의자가 된다면 이는 그가 인간의 이상들 뒤에서 아무것도 발견하지 못하기 때문일 것이다. 그는 무(無)조차 발견하지 못한다. 대신에 철학자는 무가치한 것, 부조리한 것, 병든 것, 겁쟁이, 피곤한 자, 자신의 삶의 **다 마셔 버린** 잔 속에 남아 있는 온갖 종류의 쓰레기를 발견하기 때문에 그는 허무주의자가 되는 것이다. 현실 속에서 공경 받을 만한 인간이 소망하는 경우 왜 존경 받지 못하는 것일까? 현실에서 유능한 인간은 대가를 치러야만 하는 것인가? 모든 행위 속에서 그는 자신의 행위, 두뇌의 긴장, 의지의 긴장을 공상적이고 불합리한 것들 속에서의 기지개로 상쇄시켜야만 하는 것인가? 소망의 역사는 지금까지 인간의 수치스러운 부분이었다. 이 수치스러움에 대해서 오래 독서할 경우 우리는 우리 자신을 보호해야만 할 것이다. 인간을 정당화하는 것은 현실이고, 현실은 인간을 영원히 정당화할 것이다. 실제적 인간과 소망되는 인간, 공상되어진 인간, 완전히 새빨간 거짓인 인간, 날조된 인간과 비교한다면 실제적 인간은 얼마나 더 가치 있는 자인가? **이상적** 인간과 비교할 경우에도 실제적 인간은 얼마나 더 가치 있는 자인가? 그리고 철학자의 취향에 거슬리는 자는 오직 이상적 인간이다.

33.

이기주의의 자연적 가치. 이기심의 가치는 이를 가진 자의 생리학적 가치만큼 그 가치를 지닌다. 이기심은 매우 가치 있을 수도, 무가치할 수도, 혐오스러울 수도 있다. 모든 개인은 그의 삶이 상승일로인가, 하강일로인가에 따라서 평가될 수 있다. 이기심의 가치를 결정하는 표준은 개인의 삶이 상승일로이면 그의 가치는 비범한 것이라는 점이다. 총체적 삶이 **더 앞으로** 나아가기 때문에 자기 보존을 위한, 최적의 환경들을 창조하기 위한 배려는 극단적이어도 괜찮다. 대중과 철학자들이 지금까지 이해한 '개별자', 개인은 하나의 오류이다. 그는 그 자체로서는 아무것도 아니며, 원자도 아니며, '사슬의 고리'도 아니며, 과거의 단순한 유전도 아니다. 각 개인은 스스로를 관통하는 하나의 전체적 선(Linie)으로서의 인간이다. 그가 하강의 과정, 쇠퇴, 지속적 퇴화, 병듦을 나타낸다면(대략적으로 말하자면 질병들은 몰락의 결과로 드러나는 현상이지, 몰락의 원인은 아니다), 그는 가치가 적다. 그러므로 으뜸가는 정의(正義)는 그가 좋은 삶을 사는 사람들에게서 되도록 적게 빼앗아가도록 해야 한다는 것이다. 그는 이들에게 붙어사는 단지 기생충에 불과하기 때문이다.

34.
그리스도인과 아나키스트.

아나키스트가 사회의 **쇠락하는** 계층의 대변자로서 아름다운 분노로 '권리', '정의', '평등권'을 요구할 때, 그는 그냥 교양 없음에 사로잡혀 있을 뿐이다. 그는 자신이 **왜** 고통 받고 있는지를, **어떤 점**에서 가난한지를 모른다. 그는 삶에 가난한 것을 알지 못한다. 원인을 알고자 하는 충동이 그에게 강력하게 작용하여, 그는 자신이 처한 열악함에 대하여 누군가는 책임이 있다고 생각한다. 아름다운 분노는 그를 행복하게 한다. 욕한다는 것은 가련한 도깨비들에게는 만족을 주는 것이어서, 여기에는 미미한 권력의 도취가 있다. 불평과 한탄은 이것 때문에 삶을 견딜 수 있게 하는 자극을 삶에 준다. 모든 불평 속에는 정교한 **복수**가 한 줌씩 들어 있다. 인간은 열악함과 경우에 따라서는 자신의 열등함을 자신과 다른 사람들 탓으로 비난한다. 마치 이들이 부당하고, **용인되지 않는** 특권을 가진 것처럼. '내가 무뢰한이니 너 또한 무뢰한이어야만 해.' 이런 논리로 인간은 혁명을 하는 것이다. 한탄은 어떤 경우든지 아무 소용이 없다. 이것은 약함에서 비롯된다. 사회주의자는 **자신**의 열악함의 원인을 타인에게 돌리고 그리스도인은 그 원인을 자신에게 돌린다. 양자는 본질적으로 아무런 차이가 없다. '**무가치한 것**'이라고 말할 수 있는 양자의 공통점은 자신이 고통 받고 있는 것에는 누군가는 **책임**이 있다고, 간단히 말해, 고통 받는 자가 고통에 대항하여 복수라는 꿀을 자신에게 처방한다는 점이다. **쾌락** 욕구로서 복수 욕구의 대상은 사건의 우연한 원인이다. 고통 받는 자는 자신의 작은 복수를 식혀줄 원인들을 도처에서 발견한다. 그가 그리스도인이라면, 반복하자면, 그는 원인을 **자신에게서** 발견한다. 그리스도인과 아나키스트 양자는 데카당들이다. 그리스도인이 '**세상**'을 심판하고, 비방하고, 더럽히는 것처럼 사회주의적 노동자는 같은 본능으로부터 **사회**를 심판하고, 비방하고, 더럽힌다. '최후의 심판' 또한 복수의 달콤한 위안이며, 사회주의 노동자가 고대하는 혁명이라는 것 또한 한층 더 멀리 생각된 복수의 달콤한 위안일 뿐이다. '이 세상'을 더럽히기 위한 도구가 아니라면 '저 세상'이라는 것 자체가 무슨 소용이 있겠는가?

35.

데카당스 도덕 비판.

'이타적인' 도덕은 이기심을 **위축시키는** 도덕이며, 어떤 경우에도 이는 나쁜 조짐이다. 개인의 경우도 이러하고, 특히 민족의 경우는 더욱 그렇다. 이기심이 없어지면 최선도 없어진다. 본능적으로 자신에게 해로운 것을 선택하는 것, **자신의** '이해관계와 무관한' 모티브에 의해 **유혹되는** 것은 거의 데카당스의 공식과 같은 것이다. '자신에게 필요한 것을 찾지 않는다는 것'은 "나는 더이상 내게 필요한 것이 무엇인가를 **찾을 줄** 모른다"는 다른 사실을 감추기 위한 도덕적 무화과 잎에 불과하다. 본능의 해체! 인간이 이타적이 되는 순간, 인간은 끝장나는 것이다. "**나는** 더이상 가치가 없어"라고 순진하게 말하는 대신에 도덕적 거짓을 머금은 데카당스의 입은 "가치가 있는 것은 없다", "**삶**은 가치가 없다"라고 말한다. 이런 판단은 거대한 위험을 내포하며, 전염된다. 사회의 병든 토양에서 이런 판단은 곧장 개념의 열대우림으로 무성하게 자란다. 때로는 종교로서(기독교), 때로는 철학으로서(쇼펜하우어식의 철학). 종종 부패로 인하여 성장한 독성 식물이 그 악취와 더불어 수천 년 동안 삶에 독을 주입하기도 한다.

36.

의사들을 위한 도덕. 환자는 사회의 기생충이다. 어떤 경우에는 이들이 계속 산다는 것은 무례한 것이 된다. 삶의 의미, 삶에 대한 **권리**를 잃어버린 후에 의사와 그의 처방에 비겁하게 의존하여, 겨우 살아간다는 것은 사회로부터 심한 경멸을 받아 마땅하다. 의사는 또한 이런 경멸의 전달자여야만 한다. 의사들은 처방전이 아니라, 환자들에게 날마다 한 움큼씩 **역겨움**을 전달해야 한다. 삶의, **상승하는** 삶의 최상의 이익이 **퇴화된** 삶에 가차 없는 억압과 처리를 요구하는 경우에 알맞은, 의사들의 새로운 책임을 만들어야 한다. 예를 들면 생식의 권리, 태어날 권리, 살 권리를 위해서. 당당하게 살 수 없을 때는 당당하게 죽는 것. 자발적으로 선택한 죽음, 제 때에 죽는 것, 자녀들과 목격자들이 지켜보는 가운데에서 밝음과 기쁨과 더불어 온전히 죽는다는 것, 그래서 이별을 해야만 하는 사람이 **여전히 그곳에 실존하여** 진정한 이별이 가능하고, 동시에 자신이 성취했던 것과 원했던 것들에 대한 진정한 평가와 삶의 **결산**이 가능한 죽음. 이 모든 것은 그리스도교가 죽음의 시간에 진행하는 가련하고 전율스러운 코미디와는 정반대이다. 그리스도교가 죽어가는 사람의 약점을 양심 가책의 폭행에 악용하였으며, 죽어가는 방식을 사람과 그의 과거에 대한 가치 판단으로 악용하였다는 점을 결코 잊어서는 안 된다. 여기서 모든 판단의 비겁함에 맞서서 무엇보다도 소위 **자연**사라는 것에 대한 올바른, 다시 말해 생리학적 평가를 해야 할 필요가 있다. 자연사라는 것도 결국에는 '비자연적인' 죽음이며, 자살에 불과하다. 왜냐하면 사람은 결코 타인에 의해서 죽는 것이 아니라, 오직 자신에 의해서만 죽기 때문이다. 자연사라는 것은 단지 가장 경멸스러운 상황하에서의 죽음이며, 자유롭지 못한 죽음이며, **제때에** 죽지 못하는 죽음이며, 비겁한 자의 죽음일 뿐이다. 우리는 **삶**에 대한 사랑으로부터 다른 죽음을 원해야만 한다. 자유롭고, 의식적이며, 우연이 아니며, 갑작스럽지 않은 죽음을. 마지막으로 염세주의자들과 데카당들을 위한 조언 하나가 있다. 우리는 태어나는 것을 방해할 수는 없다. 그러나 우리는 이러한 실수를 다시 복구할 수 있다.—이제껏 그것은 실수였다. 사람이 스스로를 **제거하는** 것은 지금까지 있었던 일 중에서 가장 존경받을 만한 일이다. 이는 **삶**을 획득한 것이나 다름없다. 이리하여 사회, 아니, 삶 자체는 보다 많은 이점을 얻게 되는데, 이는 체념하는 '삶', 창백한 삶, 그리고 다른 종류의 덕을 추구하는 삶보다 많은 이점을 준다. 이리하여 우리는 주시로부터 타인들을 해방시켰으며, 삶에 대한 **이의 제기**로부터 삶을 해방시켰다.

순수하고 가공되지 않은 염세주의는 염세주의자들의 자기 부정에 의하여 **비로소 증명된다**. 우리는 쇼펜하우어가 한 것처럼 단지 '의지와 표상'으로 삶을 부정하는 것이 아니라,

염세주의의 논리를 더 진척시켜 보아야만 한다. 무엇보다도 **쇼펜하우어를 부정**해야만 한다. 덧붙여 말하자면 염세주의는 전염성이 있다. 그럼에도 이것은 한 시대, 한 종족 전체의 병약함을 증대시키지는 않는다. 염세주의는 이 병약함의 **표현**이다. 콜레라에 걸리듯이 우리는 염세주의에 걸린다. 염세주의에 걸리려면, 사람은 충분히 병약해져 있어야만 한다. 염세주의 자체는 데카당을 만들지 않는다. 나는 콜레라가 창궐한 해의 총사망자 수가 다른 해의 총사망자 수와 다르지 않다는 통계를 기억한다.

37.
우리가 더 도덕적으로 되었는가에 대하여.

예상하였던 것처럼, 나의 '선악의 피안'이라는 개념에 대항하여, 독일에서 도덕 그 자체로 통용되는 도덕적 우매함이 **격렬한 공격을** 개시하였다. 이에 관련된 좋은 예들에 대하여 나는 말할 수 있다. 무엇보다도 사람들은 내가 도덕적 판단에 있어서 우리 시대의 '부정할 수 없는 우월성'에 대하여, 우리가 성취한 **진보**에 대하여 숙고하도록 하였다. 사람들은 나의 견해와는 달리, **우리와** 비교해 볼 때, 체사레 보르자(Cesare Borgia)는 보다 '고상한 인간'도, **초인**(übermensch)도 결코 아니라고 주장하였다. 스위스《분트》의 편집장은 내 작품의 의미가 모든 종류의 신사다운 감정들을 제거한 것으로 '이해하기'까지 하였다. 그리고 이러한 도전에 대한 나의 용기에 대한 경외를 빠뜨리지 않았다. 매우 고마운 일이다. 나는 답변으로 **우리가 정말로 더 도덕적으로 되었는가?**라는 질문을 던질 자격이 있다. 세상 모두가 이렇게 믿고 있다는 것은 이미 하나의 반증이다. 우리 현대인은 매우 부드럽고, 매우 상처받기 쉽고, 수많은 배려를 주고받으며, 우리가 표현하는 사실상 정다운 인간성을 **구현하고** 있다고 착각한다. 이러한 보호, 도움 안에서 협동과 상호 간의 신뢰는 긍정적인 진보라고 믿으면서, 우리가 르네상스적 인간을 능가한다고 착각한다. 그러나 모든 시대는 이렇게 생각하고, 이렇게 생각해야만 한다. 분명한 것은 우리는 스스로를 르네상스와 같은 상태에 위치 지워서는 안 된다는 것이며, 그렇게 단 한 번도 생각해서 안 된다는 것이다. 우리의 신경은 르네상스적 사실성을 지탱할 수 없고, 근육은 더 말할 필요조차 없다. 이러한 무능력은 진보의 증명이 결코 아니며, 오히려 말기에 형성된 더 약하고, 더 다정하고, 더 상처받기 쉬운 특성을 증명하는 것이다. 이로부터 필연적으로 **배려가 넘치는** 도덕이 탄생한다. 우리의 다정함, 말기성, 생리적 노화를 배제한다면, 우리 인간화의 도덕은 곧바로 그 가치를 상실할 것이다. 어떤 도덕도 그 자체로 가치를 갖지 못한다. 우리는 '인간화' 도덕을 업신여길 것이다. 어떠한 돌멩이에도 부딪히지 않도록 두터운 휴머니티로 감싸진 우리 현대인들이 체사레 보르자의 동시대인들에게 포복절도할 정도의 코미디를 제공할 것임에 의심의 여지가 없다. 의도하지는 않았지만 사실상 우리는 우리의 현대적 '덕목들' 때문에 터무니없을 정도로 우스꽝스럽다. 적대적이고 의심을 일으키는 본능들의 감소 그리고 이것이야말로 소위 우리의 '진보'라는 것이다. 이것은 **생동력**의 전반적인 감소와 관련된 일련의 결과들을 드러낼 뿐이다. 이런 제약되고, 말기적 존재의 실현을 위해서는 수백 배의 노고와 주의라는 비용이 요구된다. 이 상황에서 사람들은 서로 돕고, 각자는 어느 정도는 병자이며, 간병인이 된다. 그리고 이를 '덕'이라고 부르게 된다. 삶을 다르게 이해하고 있는 사람들, 즉 삶을 보다 충만하고, 보다 호화스럽고, 보다 넘쳐흐르는 것으로 삶을 이해하는 사람들은 이 덕을 다르게 칭했을 것이다. 아마도 '비겁함', '가련함', '노파의 도덕'이라고 칭했을 것이다.

우리 관습의 유약화는 쇠락의 결과이다. 이것은 나의 명제이며, 나의 **혁신**이라 할 수 있다. 반대로 관습의 엄격함, 끔찍함은 삶의 넘쳐남일 수 있다. 따라서 말하자면 많은 것이 감행되고, 도전되고, **허비되는** 것이 허락되는 것이다. 과거에 삶의 양념이었던 것이 우리에게는 **독**이 될 것이다. 무관심하기에, 이것은 또한 강함의 형식인데, 우리는 너무나 늙었고, 너무 늦었다. 내가 최초로 경고한 바 있고, **도덕적 인상주의**라 칭할 수 있는 우리들의 동정심 도덕은 데카당한 모든 것에 고유한 생리적 과민함의 표현이다. 쇼펜하우어의 **동정심 도덕**을 가지고 자신이 학문적인 양 시도하였던 운동은 매우 불행한 시도였다. 이는 기본적으로 도덕에서 데카당스 운동이며, 이런 점에서 기독교 도덕과 매우 비슷하다.

강한 시대, **고귀한** 문화들은 동정심, '이웃 사랑', 자아의 결핍과 자아감의 결핍에서 무언가 경멸스러운 것을 보았다. 시대는 그 시대의 **긍정적 힘들**에 의하여 측정된다. 그리고 여기서 저 대단히 호화스럽고, 숙명에 찬 르네상스 시대는 최후의 **위대한** 시대로 드러난다. 그리고 두려움에 가득 찬 자기 염려와 이웃 사랑, 축적하며 경제적이며 기계적인 노동의 덕, 겸허의 덕, 공정성, 과학성이라는 덕을 가진 우리와 현대는 약한 시대로 드러난다. 우리의 덕들은 약함에 의하여 결정되고 **자극되어** 진다. '평등권'이라는 이론으로 표현되는 사실상 비슷해지도록 만드는 평등은 본질상 쇠락에 속한다. 인간과 인간, 신분과 신분, 유형의 다양성, 자신이고자 하는 의지, 자신을 두드러지게 하고자 하는 의지, 내가 **간격의 열정**이라고 칭하는 것은 모든 **강한** 시대의 특성이다. 오늘날 극단적인 것들 사이의 긴장하는 힘, 간격은 점점 작아지고 있다. 극단적인 것들은 마침내 비슷함 속으로 사라져 버린다. 우리의 모든 정치 이론**과** 헌법, '독일 제국'도 결코 예외가 아니다. 이것들은 쇠락의 결과물들이자, 쇠락의 필연적 산물들이다. 데카당스의 무의식적 작용이 개개 학문의 이

넘들에까지 스며들어 주인이 된 것이다. 나는 영국과 프랑스의 사회학 전체가 사회의 **쇠락 상들**을 경험적으로 알 뿐이며, 너무나 순진하게도 쇠락 본능들을 사회학적 가치 판단의 **규범들**로 삼고 있다는 점에 반론을 제기한다. **하락하는** 삶, 모든 조직하는 힘의 감소, 즉, 분리시키고, 틈을 벌리고, 아래-위로 정돈하는 힘의 감소가 오늘날의 사회학에서 **이상**(理想)으로 정식화된다. 사회주의자들은 데카당들이다. 그리고 허버트 스펜서 또한 데카당이다. 그는 이타주의의 승리에서 무언가 바람직한 가치를 발견한다.

38.

나의 자유개념. 어떤 것의 가치는 그것에 의해 우리가 달성한 것에 있지 않고, 우리가 그것을 위해 무엇을 지불하였는가에, 그것이 우리에게 **어떤 값을 치르게 하였는가**에 있다. 예를 들면, 자유주의적 제도들은 자유주의를 달성하게 되자마자 더이상 자유주의적이지 않게 된다. 향후에 자유주의적 제도들보다 자유를 더 지독하고, 철저하게 손상시키는 것은 없다. 자유주의적 제도들이 **무엇을** 가져오는가에 대해서 우리는 잘 알고 있다. 이것들은 힘에의 의지를 무너뜨린다. 이것들은 도덕으로 격상된 산과 계곡을 평평하게 만드는 것이며, 이것들은 작게, 비겁하게, 향락적으로 만든다. 이것들과 더불어 항상 무리 짐승이 승리를 거둔다. 자유주의는 다시 말하자면 **무리 짐승**을 만드는 것이다. 이 제도들이 여전히 쟁취의 대상일 경우에는 완전히 다른 효과를 야기한다. 이것들은 실제로 강력하게 자유를 촉진시킨다. 보다 정확하게 말하자면 이 제도들은 이러한 효과들을 야기하는 전쟁이다. 자유주의적 제도들을 위한 전쟁, 전쟁으로서 이것은 **비자유주의적** 본능들이 지속하도록 내버려둔다. 그리고 전쟁은 자유를 목표로 한다. 그렇다면 자유란 무엇인가! 자유는 자기 책임성에 대한 의지를 갖는 것이다. 자유는 우리를 분리시키는 간격을 유지하는 것이다. 노고, 가혹함, 궁핍, 삶 자체에 대해서도 훨씬 더 초연해지는 것이다. 자신의 일을 위하여 사람을, 자신을 희생시킬 준비가 되어 있는 것이다. 자유는 남성적, 전투적, 승리를 기뻐하는 본능들이 다른 본능들에 대하여 지배권을 가지는 것이다. 예를 들면 '행복' 본능에 대하여 지배권을 갖는 것이다. **자유로워진** 인간, 자유로워진 **정신**은 더욱이 소상인, 그리스도인, 암소, 여성, 영국인들, 민주주의자들이 꿈꾸는 경멸스러운 웰빙을 짓밟아버린다. 자유로운 정신은 **전사**이다. 개인에게서, 사람들에게서, 자유는 무엇으로 측정될 수 있는가? 극복되어야 하는 저항, **위에** 머물기 위해서 지불되어야 하는 노고에 의해서 측정될 수 있다. 우리는 자유로운 인간의 최고 유형을 최고의 저항이 지속적으로 극복되는 곳에서 찾아야 한다. 폭정으로부터 다섯 발자국 정도 떨어진 곳, 노예가 될 위험이 있는 경계에 가까운 곳에서. 자신에게서 최대한의 권위와 훈육을 요구하는 '폭정'을 무자비하고 끔찍한 본능들로 이해하는 것은 심리학적으로 볼 때 옳은 것이다. 최고의 전형은 율리우스 카이사르이다. 이는 또한 정치적으로도 옳다. 역사를 보라. 무언가 가치 있는 사람들, 가치가 **있게 된** 사람들은 결코 자유주의적 제도하에서 이렇게 된 것이 아니다. **거대한 위험**은 경외심을 갖게 하는 무언가를 이들로부터 만들어 냈다. 위험은 우리에게 자구책, 덕, 방어와 무기, **정신**을 우선 가르쳐 주었으며, 우리를 강해지도록 **강제하였다. 첫째** 원칙, 인간은 필수적으로 강해지고자 해야 한다. 그렇지 않으면 결코 강해질 수 없다. 강한 인간, 지금까지 존재했던 것 중에서 가장 강한 유형의 인간을 위한, 저 위대한 온실이었던 로마와 베네치아 같은 유형의 귀족주의적 공동체는, 내가 자유라는 단어를 이해하듯이 자유를 이해하였다. 즉 사람이 갖고 있으면서 또한 갖고 있지 **않은** 것, 사람이 **원하는** 것, 사람이 **정복하는** 것으로서 자유.

39.

현대성 비판. 우리의 제도들은 이제는 쓸모가 없다. 여기에 대해서 우리는 의견을 같이한다. 그런데 문제는 제도에 있는 것이 아니라 **우리에게** 있다. 제도들에 성장하는 본능들이 사라지고 난 이후, 제도들이 우리에게서 사라진 것이다.

왜냐하면 **우리가** 제도들에 더이상 쓸모없기 때문이다. 민주주의는 모든 시대에서 조직하는 힘의 쇠락하는 형태였다. 나는 이미 나의 책《인간적인 너무나 인간적인》I. 318에서 현대 민주주의와 '독일 제국', 어중간한 민주주의들을 통틀어 **국가의 쇠퇴한 형태**라고 표현한 바 있다. 그러므로 제도들이 있으려면 악의에 찰 정도로 反자유주의적인 어떤 의지, 본능, 명령이 있어야만 한다. 전통에로의 의지, 권위에로의 의지, 수백 년을 넘어서는 책임성으로의 의지, 무한히 과거와 미래로 연결된 세대 간의 **결속력**이 있어야만 한다. 이러한 의지가 있는 곳에서 로마 제국과 같은 것이 건설된다. 또는 오늘날 지속하고 있으며, 무엇인가를 기다릴 수 있고, 무엇인가를 더 약속할 수 있는 **유일한** 권력인 러시아와 같은 것이 설립된다. 러시아는 독일 제국의 설립과 더불어 위기 상황에 빠진 가련한 유럽의 소국(小國)주의와 신경쇠약의 반대 개념이다. 서유럽 전체는 제도가 성장하는, **미래**가 자라나는 본능들을 더이상 갖고 있지 않다. 서유럽의 '현대 정신'에 이만큼 거슬리는 것은 없다. 사람들은 오늘을 위해서 살고, 매우 빠르게 살고, 무책임하게 살고 있다. 이것을 사람들은 '자유'라고 부른다. 제도를 제도로 **만드는** 것은 경멸받고, 증오되고, 거부된다. '권위'라는 말이 소리를 내면 사람들은 새로운 노예제의 위험 속에 있다고 믿는다. 이렇게 우리의 정치가들의, 정당들의 가치 본능 속에 있는 데카당스는 널리 퍼

져있다. 데카당스는 본능적으로 해체시키는 것, 종말을 가속화 시키는 것을 **선호한다. 현대적 결혼**이 그 증명서이다. 현대적 결혼에서 분명히 모든 종류의 이성이 사라져버렸다. 그러나 이것은 결혼에 대한 반론이 아닌, 현대성에 대한 반론인 것이다. 결혼의 이성은 법적으로 남성 단독 책임성에 속해 있었다. 그래서 결혼은 무게 중심이 있었다. 반면에 오늘날 결혼은 두 다리로 절뚝거리고 있다. 결혼의 이성은 결혼의 원칙적인 불가해소성(Unlösbarkeit)에 있었다. 이와 더불어 결혼은 감정, 정열, 순간이라는 우연에 맞서 결혼 자신에 **귀기울이게 하는** 악센트를 획득했었다. 그리고 또한 결혼의 이성은 배우자를 선택하는 것이 가족의 책임이라는 점에 놓여 있었다. 점증하는 **연애** 결혼에 대한 관대함은 결혼의 토대, 결혼이라는 제도를 **만들었던** 토대를 제거해버렸다. 제도는 결코 괴상한 것에 기초하지 않는 것인데, 말했듯이 결혼은 '사랑'에 기초하고 있지 않다. 결혼은 성 충동, 재산 충동(재산으로서 부인과 자녀), **지배 충동**에 기초하고 있다. 지배 충동은 획득된 힘, 영향력, 부를 생리학적으로 유지하기 위해서, 수백 년 동안 이어질 본능의 결속이라는 장기간의 과업을 준비하기 위해서, 끊임없이 지배의 최소 형태인 가족을 조직하고, 자녀와 상속인들을 **요구한다.** 제도로서의 결혼은 가장 거대하고, 가장 지속적인 조직 형태에 대한 긍정을 자신 안에 이미 내포하고 있다. 만약 전체로서의 사회가 가장 먼 후세대까지 **보증**하지 못한다면 결혼은 아무런 의미를 가지지 못한다. 현대의 결혼은 의미를 **상실하였고**, 그러므로 우리가 결혼을 폐지한 것이다.

40.

노동자 문제. 본질에 있어서 본능의 퇴락인 어리석음은 오늘날 **모든** 종류의 어리석음의 원인이다. 이 어리석음은 노동자 문제가 존재한다는 사실에 기인한다. 어떤 것들에 대해서는 사람들이 **질문을 하지 않는다.** 이것이 본능의 첫 번째 명령인데도 말이다. 나는 사람들이 유럽 노동자에 대해서 질문을 한 이후, 이 문제와 더불어 무엇을 하려고 하는지에 대해서 나는 전혀 예측할 수 없다. 유럽 노동자는 너무나 좋은 상태에 있다. 그래서 이들은 점진적으로 더 많은 문제 제기를 하고, 뻔뻔스럽게 문제 제기를 한다. 그리고 그는 결국 다수를 자기편으로 한다. 겸손하고 자족적인 유형의 인간, 중국인 같은 유형의 계급이 형성될 희망은 이제 사라졌다. 이것이 이성적인 일이며, 필연적인 일이었을 수도 있었다. 사람들이 무슨 짓을 한 것인가? 이러한 일의 싹을 키울 전제조건을 근절하기 위해 모든 짓을 하였다. 사람들은 계급으로서 노동자가 가능한, 노동자를 **노동자답게 하는** 본능들을 너무나 무책임한 무분별함으로 완전히 파괴해버렸다. 사람들은 노동자를 군사적으로 유능하게 하였으며, 단결권을 부여했으며, 투표권을 부여하였다. 노동자가 오늘날 자신의 처지를 위태로운 상태로 (도덕적으로 표현하자면 **부당함**) 느낀다고 놀랄 일은 무엇인가? 그렇다면 재차 질문해 보자. 사람들이 **원하는 것은** 무엇인가? 사람이 목적을 원한다면 수단 또한 반드시 원해야만 한다. 노예를 원하면서, 그를 주인이 되는 교육을 한다면 우리는 바보인 것이다.

41.

'자유로 내가 의미하지 **않는** 것.' 오늘날과 같은 시대에 본능들을 포기하는 것은 숙명 이상의 것이다. 이 본능들은 서로 대립하고, 서로 방해하고, 서로 파괴한다. 나는 이미 **현대성을** 생리학적인 자기모순으로 정의한 바 있다. 교육의 이성은 이러한 본능의 체계 중에서 적어도 하나가 **무력해지기를** 바라는 듯하다. 이것은 다른 본능이 허락되고, 힘을 얻고, 강해지고, 지배적인 것이 되기 위함이다. 오늘날의 개인은 **절단된 이후에나** 가능한 것이다. 여기서 가능하다는 것은 **온전히** 가능하다는 것을 의미한다. 그러나 정반대의 일이 발생한다. 독립성, 자유로운 발전, **자유 방임에** 대한 주장이 어떤 고삐도 그들에게는 **지나치게 강하지** 않을 것 같은 자들에 의하여 가장 열렬하게 제기된다. 이러한 일은 **정치에서,** 예술에서 벌어지고 있다. 그러나 이것은 **데카당스의** 징후이다. 우리 현대의 '자유' 개념은 본능 퇴화의 또 하나의 증거이다.

42.

믿음이 꼭 필요한 곳. 도덕주의자와 성자들 사이에서 정직함보다 더 드문 것은 없다. 이들은 아마도 이와 반대로 말할 것이며, 아마도 그렇게 **믿을** 것이다. **의식적인** 위선보다 믿음이 더 유용하게, 더 효과적이게, 더 설득력 있게 되는 때에는, 본능상 위선은 곧바로 **천진난만한** 것이 된다. 이것이 위대한 성자들을 이해하기 위한 첫 번째 명제이다. 철학자들은 다른 종류의 성자들이다. 이들의 전반적 작업은 단지 특정한 진리만을, 말하자면 이들의 작업이 **공적인** 승인을 받는 진리만을 허용한다. 칸트 식으로 말하자면 **실천**이성의 진리만을 허용한다는 것이다. 이들은 자신들이 무엇을 증명해야만 **하는가를** 알고 있다. 이점에서 이들은 노련하다. 이들은 '진리'에 대해서 합의를 보고 있다는 점에서 서로를 알아본다. '너는 거짓말을 해서는 안 된다.' 달리 말하자면 다음과 같다. '철학자 양반, 진리를 말하지 않도록 **조심하시오**.'

43.

보수주의자들의 귀에 대고 속삭이다.—예전에는 몰랐지만 지금은 알고, 알 수 있는 것에 대하여—**퇴화**와 방향 전환은 어떤 의미든, 어느 정도든 간에 전혀 가능하지 않다. 우리 생리학자들은 적어도 이것을 알고 있다. 그러나 모든 성직자들과 도덕주의자들은 인류를 **이전의** 도덕적 기준으로 **되돌**

리고, 되감고자 **하였고**, 이것이 가능하다고 믿었다. 도덕은 항상 프로크루스테스의 침대였다. 정치가들도 이 점에서 덕을 설교하는 자들을 흉내 냈다. 오늘날도 여전히 만사의 퇴보라는 목표를 꿈꾸는 정당들이 있다. 그러나 그 누구도 게가 될 수는 없다. 이것은 아무런 도움이 되지 않는다. 우리는 앞으로 나아가야만 한다. 우리는 **데카당스 속에서 한 걸음 한 걸음 더 나아가야 한다**(이것이 현대적 '진보'에 대한 **나의** 정의이다). 우리는 이 전개 과정을 **제지**할 수 있다. 그리고 이러한 제지를 통하여 우리는 퇴화를 저지하고, 고이고, 쌓이게 하여, 전개 과정을 더욱 격렬하고 **더욱 갑작스러운 것으로** 만들 수 있다. 그 이상의 것은 할 수 없다.

44.

나의 천재 개념.―위대한 인간들은 위대한 시대처럼 엄청난 힘이 축적되어 있는 폭발물이다. 이것에 대한 역사적, 생리학적 전제는 오랫동안 힘들이 수집, 축적, 절약, 보존되었으며, 어떤 폭발도 발생하지 않았다는 점이다. 긴장이 거대해지면 가장 우연적 자극조차도 '천재', '업적', 위대한 숙명을 세상으로 불러내기에 충분하다. 환경, 시대, '시대정신', '여론' 같은 것이 뭐 그리 중요하단 말인가! 나폴레옹의 경우를 보자. 혁명기의 프랑스, 혁명 이전의 프랑스는 나폴레옹과는 대립되는 유형을 창출했을 것이며, 또한 실제로 **창출**

했다. 그러나 나폴레옹은 **달랐다**. 그는 프랑스에서 사라져가던 문명보다 더 강하고, 더 장구하고, 오래된 문명의 상속자였다. 그는 여기서 지배자**가 되었고**, 그 홀로 지배자였다. 위인은 필연적이지만, 그가 등장하는 시대는 우연적이다. 위인은 늘 그 시대의 지배자가 되는데, 이는 위인들이 더 강하고, 더 오래되고, 힘이 더 오랫동안 위인들에게 모아졌기 때문이다. 천재와 시대 사이에는 강함과 약함, 노쇠함과 젊음과 같은 관계가 존재한다. 천재에 비해, 시대는 상대적으로 늘 더 어리고, 더 여리고, 덜 성숙되고, 덜 안정적이고, 더 유치하다. 오늘날 프랑스에서 사람들은 **다르게** 생각한다(독일도 마찬가지이지만, 이는 별로 중요하지 않다). 오늘날 프랑스에서, 환경 이론, 노이로제 환자의 이론은 신성불가침한 것이 되었고, 거의 과학적인 것이 되어버렸으며, 생리학자들조차 이렇게 믿고 있음을 발견하게 된다. 이는 '좋지 않은 냄새'가 나는 것이며, 슬픈 생각이 들게 하는 것이다. 영국에서도 사람들은 달리 생각하지 않으며, 아무도 이에 대해서 슬퍼하지 않는다. 영국인들이 천재와 '위인들'을 감내하는 방식에는 버클(Buckle)의 **민주적 방식**, 칼라일(Carlyle)의 **종교적 방식** 오직 두 가지가 있다. 위인과 위대한 시대에 놓여 있는 **위험**은 특별한 것인데, 이는 모든 종류의 소진과 불모성이 이것들을 뒤따른다는 점이다. 위인은 하나의 종점이다. 위대한 시대, 예를 들면 르네상스도 하나의 종점이다. 작품, 행위에 있어서 천재는 필연적으로 낭비하는 자이다. **전력을 다한다는 것**, 이것이 천재의 위대함이다. 말하자면 자기 보존 본능이 없다. 분출하는 힘의 압도적 압력은 천재에게 어떤 종류의 보호나 주의를 못하게 막는다. 사람들은 이것을 '희생'이라고 부른다. 사람들은 그의 '영웅주의'를 찬양하는데, 이는 자신의 행복에 대한 무관심, 이념, 위대한 일, 조국에 대한 그의 헌신 때문이다. 그러나 이 모든 것은 오해이다. 천재는 발산하며, 넘쳐흐르게 하며, 자신의 힘을 다 써버리며, 자신을 아끼지 않는다. 이는 물결이 넘쳐 물가를 범람하는 것처럼, 운명적, 숙명적, 필연적인 것이다. 그러나 사람들은 이러한 폭발에 매우 감사해하기 때문에, 천재들에게 또한 많은 것을 선사한다. 예를 들면 **보다 차원 높은 도덕** 같은 것이다. 이것은 진정 인간적인 감사 방식이다. 이 감사 방식은 자신의 은인을 **오해하고** 있다.

45.

범죄자 그리고 그와 비슷한 것.

범죄자 유형, 이것은 좋지 않은 상황하에 있는 강한 인간의 유형이고, 병들게 된 강한 인간의 모습이다. 그에게는 야생성이 결여되어 있다. 강한 인간의 본능에 내재되어 있는, 무기와 갑옷과 관련된 모든 것을 **정당화해주는** 보다 자유롭고 보다 위험스러운 본성과 존재 형식이 그에게 결여되어 있다. 그의 **덕들**은 사회로부터 파면 당하였다. 그가 지닌 가장 활기찬 충동들은 억압적인 격정들, 의혹, 두려움, 불명예와 더불어 즉시 사라져버린다. 이것은 거의 생리적 퇴화에 대한 **처방**과 다름이 없다고 할 수 있다. 그가 가장 잘할 수 있고, 가장 하기 좋아하는 것을 지속적 긴장, 주의, 교활함 속에서 은밀히 해야만 하는 사람은 빈혈증을 앓게 된다. 그는 자신의 본능들로부터 늘 위험, 박해, 불운만을 얻기 때문에, 자신의 본능들에 대한 그의 감정은 전도된다. 즉 그는 그의 본능들을 숙명적인 것으로 느끼게 된다. 길들여지고, 평범하고, 거세된 우리들의 사회에서는, 산에서 또는 바다의 모험에서 온 야생의 인간은 범죄자로 변질된다. 또는 거의 필연적으로 이렇게 된다. 왜냐하면 야생의 인간이 사회보다 자신이 더 강함을 증명하는 경우들이 있기 때문이다. 코르시카의 나폴레옹이 대표적인 경우이다. 여기에서 제기된 문제에 대해서는 도스토옙스키의 증언이 중요하다. 말하자면 도스토옙스키는 내가 무엇인가를 배운 유일한 심리학자이다. 그의 발견은 스탕달을 능가하는, 내 인생에서 가장 아름다운 행운에 속한다. **심오한** 도스토옙스키가 천박한 독일인들을 하찮게 여긴 것은 백 번 옳은 말이다. 오랫동안 함께 살았던 시베리아 수용소의 수감자들, 사회로의 복귀가 차단된 중범죄자들을 그가 예상했던 것과는 매우 다르게 느꼈던 것이다. 그는 이들이 러시아에서 자라고 있는 목재 중에서 가장 좋고,

가장 강하고, 가장 값진 목재에서 조각된 사람들로 느꼈던 것이다. 범죄자들의 경우를 일반화해보자. 어떤 이유에서든지, 여론의 동의를 얻지 못하는 본성들, 자신의 본성이 선하지 못하고 무익한 것임을 스스로 느끼는 자들, 동등하지 않으며, 오히려 추방되고, 불명예스럽고, 무가치하고, 불결하게 사회적으로 여겨지는 찬달라 계급 같은 느낌을 생각해보자. 이런 모든 본성들은 사고와 행동에 있어서 지하적인 색채를 띤다. 이들에게 모든 것은 햇빛을 받는 존재들에 비하여 더 창백하다. 그러나 오늘날 우리가 특별하다고 표현하는 거의 모든 존재 형태들은 과거에는 이러한 반쯤 무덤 같은 분위기 속에서 살았었다. 학자적 품성, 예술가, 천재, 자유 정신, 배우, 상인, 위대한 발견자들이 이렇게 살았었다. **성직자**가 최고 유형의 인간으로 여겨지는 한, **모든** 소중한 유형의 인간은 무가치하게 된다. 내가 장담하건데, 성직자가 **최하** 유형의 인간으로 여겨지는 때가 온다. 그가 **우리의** 찬달라로서, 가장 거짓된 자로서, 가장 무례한 종류의 인간으로 여겨질 때가 온다. 오랫동안 너무나 오랫동안 **아랫부분에** 속했던 저 진기하고 불투명한 존재 형태는 지금처럼 대지를, 적어도 유럽을 지배하는 매우 부드러운 습속의 지배하에서, 범죄자들이 완성한 유형에 근접한다는 점에 나는 주목하고자 한다. 모든 정신의 혁신가들은 일정 기간 동안 희미하면서도 숙명적인 찬달라 계급의 표식을 이마에 지니게 된다. 그들이 이렇게 느껴지기 때문이 **아니라**, 그들과 모든 전통적인 것과 존경받는 것 사이를 나누는 무서운 간격을 그들 스스로가 느끼기 때문이다. 거의 모든 천재는 삶의 전개 과정의 하나로서 '카틸리나적인 존재'를 알고 있다. 이것은 **기존의** 모든 것, 더이상 **생성하지** 않는 모든 것들에 대한 증오, 복수 그리고 항거의 느낌이다. 카틸리나는 **모든** 카이사르의 선행 형식이다.[20]

46.

여기서는 전망이 자유롭다. 철학자가 침묵할 때, 그것은 영혼의 고귀함일 수 있다. 그가 자기 모순적일 때 그것은 사랑일 수 있다. 거짓말하는 탐구자의 예의라는 것이 가능하다. "고통스럽게 느끼는 문제를 발산하는 것은 위대한 영혼에게는 어울리지 않는다"고 사람들은 말하는데, 이 말이 정교하지 않은 것은 아니다. 단지 다음과 같은 점을 부가하기만 하면 된다. **가장 가치 없는 것**을 두려워하지 않는 것 또한 영혼의 위대함일 수 있다. '사랑에 **빠진**' 여자는 자신의 명예를 희생한다. 사랑하는 탐구자는 아마도 자신의 인간성을 희생시

---

20 루키우스 세르기우스 카틸리나(Lucius Sergius Catilina, 기원전 108년 – 기원전 62년)는 로마 공화정 말기의 정치가이다. 키케로와 원로원에 맞서서 로마 공화정을 전복하려 시도하였으나 실패하였다. 이를 가리켜 카틸리나의 모반이라고 한다.

킬 것이다. 사랑하였던 신은 유대인이 되었던 것이다.

47.

아름다움은 우연이 아니다. 한 종족 또는 한 가족의 아름
다움 그리고 이들의 거동에 있어서 기품과 선함은 노력에 의
해서 얻어진다. 아름다움은 천재와 비슷하게 세대에 걸쳐 축
적된 작업의 최종 결과물이다. 좋은 취향을 위해 우리는 큰
희생을 해야만 했으며, 이를 위해 많은 것을 해야 했고, 많은
것을 내버려두어야만 했다.—17세기 프랑스는 놀라운 방식
으로 이 둘을 갖추고 있었다.—이때 사람들은 사회, 장소, 의
상, 성적 만족에 대한 선택의 원칙을 가지고 있어야만 했다.
사람들은 이득, 습관, 소견, 태만보다 아름다움을 선호했어
야만 했다. 최고의 지침: 자신 앞에서조차 '자신을 방치해서
는' 안 된다. 좋은 것들은 매우 많은 비용이 든다. 이것을 **가
진** 자는 이것을 **획득한** 자와는 다른 사람이라는 법칙은 늘
타당하다. 모든 좋은 것은 상속된 것이다. 상속되지 않은 것
은 불완전한 것이며, 시작일 뿐이다……키케로 시대의 아테
네에서는 남성과 청년들이 아름다움에 있어서 여성보다 훨
씬 뛰어났다. 이에 대하여 키케로는 놀라움을 표현하였다.
하지만 수세기 동안 아테네 남성들과 청년들은 아름다움을
위해서 어떠한 작업과 노력을 자신들에게 요구하였던가! 여
기서 우리는 이들의 방법론에 대해서 잘못 파악해서는 안 된

다. 감정과 생각을 단지 훈육하는 것은 거의 아무것도 아닌 것과 마찬가지이다(여기에 온통 환상에 불과한 독일 교육의 커다란 오해가 놓여 있다). 우선 설득할 것은 **몸**이다. 중요하게 되고 선택되기 위해서는, 의미 있고 선택된 태도의 엄격한 유지, '자신을 방치하지' 않는 사람들과만 살고자 하는 의무감만 있으면 충분하다. 두 세대 동안 모든 것은 **내면화된다**. 문화를 **올바른** 자리에서 시작하는 것은—'영혼'에서 시작하는 것이 **아닌**(성직자, 반(半)성직자들의 숙명적인 미신이 그랬던 것처럼)—민족과 인류의 운명에 있어 결정적인 것이다. 올바른 자리는 몸, 거동, 섭생, 생리학이며, **나머지** 것들은 이로부터 발생하는 것이다. 그래서 그리스인들이 역사에서 **최초의 문화적 사건**으로 남는 것이다. 이들은 필요한 것을 알고 있었고, 이것을 **행하였다**. 몸을 경멸하였던 그리스도교는 지금까지 인류 최고의 불행이다.

48.

내가 의미하는 진보. 내가 말하는 것은 '자연으로 되돌아가는 것'이 아니라 자연으로 **올라감**이지만, 나도 자연으로 돌아감에 대해서 말한다.[21] 이 올라감은 높고, 자유롭고, 두려운 자연과 자연성으로의 올라감이며, 위대한 임무를 띤 채

---

21 장 자크 루소의 '자연으로 돌아가라'와 니체 자신의 주장의 차이를 드러내기 위한 표현이다.

유희하며, 유희가 **허락되는** 올라감이다. **비유를 들어** 말하자면, 내가 이해하는 바로는 나폴레옹은 한편의 '자연으로 돌아감'이었다(예를 들면 전술 면에서 그러했고, 군인들이 알고 있듯이, 전략 면에서는 더욱 그러하였다). 그러나 루소, **그는** 도대체 어디로 돌아가기를 원하였던가? 공상가와 무뢰한이 한 인간 속에 공존하는 최초의 현대인 루소. 그는 자신의 관점을 유지하기 위하여 도덕적 '품위'를 필요로 하였으며, 그는 고삐 풀린 허영심과 자기 경멸에 병들어 있었다. 새로운 시대의 문턱에 있었던 이 기형아 또한 '자연으로 돌아감'을 원하였다. 다시 묻겠다. 루소는 어디로 가기를 원하였던가? 나는 프랑스 혁명 속의 루소 또한 증오한다. 프랑스 혁명은 공상가와 무뢰한의 이중성에 대한 세계사적 표현이다. 혁명이 일으킨 피로 물든 광대극, 혁명의 '탈도덕성'에 대해서 나는 별 관심이 없다. 내가 증오하는 것은 루소식의 **도덕**, 소위 혁명의 '진리들'이다. 이것들로써 혁명은 계속 작동하였고, 모든 멍청이들과 평범한 자들을 혁명으로 설득하였다. 평등에 관한 교리!⋯⋯ 이것보다 더 독성이 강한 독은 없다. 왜냐하면 이것은 정의에 대해서 설교하는듯하지만 이것은 사실상 정의의 **종말**이기 때문이다. '동등한 자에게는 동등하게, 동등하지 않은 자에게는 동등하지 않게' 이것이 정의에 대한 **참된** 주장일 것이다. 이것으로부터 '동등하지 않은 자를 결코 동등하게 만들지 말라'는 것이 도출된다. 평등의 교리를 둘러싸고 그토록 끔찍한 유혈 사태가 벌어졌다는 사실이 무엇보다도 평등이라는 '현대적 이념'에 영광과 광채 같은 것을 부여하였다. 그래서 **연극**으로서 혁명은 또한 가장 고귀한 정신들까지도 현혹하였던 것이다. 따라서 결국 혁명을 존중할 이유가 없다. 혁명을 어떻게 체험해야만 하는가에 따라 혁명을 제대로 체험한 사람은 내가 보기에는 오직 괴테 한 명밖에 없다. 그는 혁명을 **구역질나는 것으로** 체험하였던 것이다.

49.

괴테. 독일적 사건이 아니라, 유럽적 사건이다. 괴테는 자연으로 돌아감을 통해서, 르네상스의 자연성으로 올라감을 **통해서** 18세기를 극복하고자 하였던 위대한 시도이며, 18세기가 자기를 극복하는 하나의 방식이다. 그는 18세기의 가장 강한 본능들을 자신 안에 지니고 있었다. 감수성, 자연 숭배, 反역사적인 것, 이상적인 것, 비실재적인 것(das Unreale)과 혁명적인 것(후자는 비실재적인 것을 표현하는 하나의 형식에 불과하다)을 지니고 있다. 그는 스피노자처럼 역사, 자연과학, 고대(古代), 무엇보다 실천적 활동에서 도움을 받았다. 그는 빈틈없는 시야들로(mit lauter geschlossenen Horizonten) 자신을 에워 쌓다. 그는 자신을 삶으로부터 괴리시키지 않고, 자신을 삶속으로 밀어 넣었다. 그는 용기를 잃지 않았고, 가능한 한 많은 것을 자신에게, 자신 위에, 자신 안에 받아들였다. 그가 원했던 것은 **총체성**이었다. 그는 이성, 감성, 느낌, 의지의 분리에 맞서 싸웠다(괴테와 정반대였던 **칸트**에 의해서 설교된 가장 끔직한 공리공론에 맞서). 그는 전체성을 위해서 자신을 훈련시켰다. 그는 자신을 **창조하였다.** 괴테는 비실재적으로 생각하는 시대의 한가운데서 있는 확신에 찬 실재주의자였다. 그는 이 점에서 그와 유사한 모든 것을 긍정하였다. 나폴레옹이라는 가장 실재적인 존재보다 더 위대한 경험을 그는 하지 못했다. 괴테는 강하고, 교양이 높고, 모든 육체적 일에 능숙하며, 자신을 억제하며, 자신에게 경외심을 갖는 인간을 구상하였다. 자연성의 범위, 풍요로움 전체를 자신에게 베풀어도 되는 인간, 이러한 자유를 누리기에 충분히 강한 인간, 약함에서 비롯되는 것이 아니라 강함에서 비롯되는 관용의 인간, 평균적인 본성을 몰락하게 하는 것에서 이점을 이용할 줄 아는, 악덕이라 불리든 덕이라 불리든 간에 **약함**을 제외하고는 더이상 금지된 것이 존재하지 않는 관용의 인간을 구상하였다. 이러한 **자유로운** 정신은 즐겁고, 운명을 신뢰하는 숙명론과 더불어 모든 것 가운데 서 있다. 이 정신은 단지 개별적인 것만이 비난받을 뿐이며, 전체에 있어서 모든 것은 구원되고 긍정된다고 **믿는다. 그는 더이상 부정하지 않는다.** 이러한 믿음은 모든 가능한 믿음 중에서 최상의 믿음이다. 나는 이 믿음에 **디오니소스**라는 이름으로 세례를 준다.

50.

어떤 의미에서는 19세기 또한 괴테가 개인으로서 노력하였던 모든 것을 노력해왔다고 말할 수 있다. 즉 이해하고 시인함에 있어서의 보편성, 모든 것이 자기 자신에게 가까이 다가가도록 내버려둠, 대담한 현실주의, 모든 사실적인 것에 대한 경외심 말이다. 전체적인 결과가 괴테가 아니라 혼돈인 것은 어찌된 일인가? 허무주의적 탄식, 어디서 와서 어디로 가는지를 알지 못함, 실제로는 지속적으로 **18세기를 다시 붙잡도록 몰아대는** 피로의 본능, 이것은 어찌된 일인가? (예를 들면 감정의 낭만주의, 이타주의와 과도한 감상성, 취향에 있어서의 페미니즘, 정치에서의 사회주의) 19세기는 특히 19세기 말기는 단지 강화되고 **야만적이 된** 18세기, 말하자면 **데카당스**의 세기가 아닌가? 그러므로 괴테는 독일뿐만 아니라 유럽 전체에서 단지 에피소드, 어떤 아름다운 헛수고에 불과한 것은 아니었던가? 그러나 공공의 유익이라는 궁색한 관점에서 위인을 바라본다면, 이것은 그들을 오해하는 것이다. 우리가 위인들에게서는 어떠한 유익함도 취할 줄 모른다는 점, **그 자체가 아마 위대함에 속하는 것일지도 모른다**……

51.

괴테는 내가 존경하는 최후의 독일인이다. 그는 내가 느끼는 세 가지 일을 느꼈을 수도 있다. 또한 우리는 '십자가'에 대해서도 서로 잘 이해하고 있다…… 내가 왜 **독일어**로 글을 쓰는지에 대해서 사람들은 자주 묻는다. 나의 조국에서보다 내가 더 잘못 읽혀지는 곳은 없는 데도 말이다. 그러나 내가 오늘날 단지 읽혀지기만이라도 **소원하고** 있는지 결국 누가 알겠는가? 시간이 자신의 이빨을 헛되이 시험하는 사물들을 창조하는 것, 형식과 **실체에 있어서** 조그마한 불멸성을 위해 노력하는 것, 이보다 더 적게 내 자신에게 무엇인가를 요구할 만큼 내가 겸손했던 적은 결코 없었다. 독일인 중에서 내가 최초의 대가인 격언과 잠언은 '영원성'의 형식들이다. 나의 야망은 다른 모든 사람들이 책 한권에서 말하는 것을 열 문장으로 말하는 것이며, 다른 모든 사람들이 책 한권으로도 말하지 **않는** 것을 말하는 것이다. 나는 인류가 갖고 있는 책 중에서 가장 심오한 책, 나의 '차라투스트라'를 주었다. 나는 곧 그들에게 가장 독자적인 책을 줄 것이다.

내가 고대인들에게 신세지고 있는 것

1.

나는 고대 세계에 이르는 통로를 발견하기 위하여 노력하였으며, 아마도 내가 새롭게 발견한 고대 세계에 이르는 통로에 대해서 마지막으로 한마디 하자면, 너그러운 취향과는 반대되는 나의 취향은 예라고 말하는 것과는 영 거리가 멀다. 보통 내 취향은 기꺼이 예라고 말하지 않으며 차라리 아니오라고 말한다. 내 취향이 가장 사랑하는 것은 아예 말하지 않는 것이다. 이는 문화 전체와 책에게도 해당된다. 또한 장소와 경관에도 해당된다. 기본적으로 내 삶에서 고려되는 고서는 몇 권되지 않으며, 가장 유명한 책들은 여기에 포함되지 않는다. 문체와 문체로서 경구에 대한 나의 감각은 살루스티우스[22]를 접하는 순간 깨어났다. 나의 존경하는 스승 코르센[23]이 라틴어를 가장 못하는 학생에게 최고의 성적을 주어야만 했을 때 그가 놀라워했던 것을 나는 잊을 수 없

---

22 Gaius Sallustius Crispus(b.c. 86~35/34). 로마의 역사가. 라틴 문체의 대가.

23 Wilhelm Paul Corssen(1820-1875) 독일의 고전문헌학자. 라틴문학 전문가. 그는 슐포르타(Schulpforta)에서 니체에게 라틴문학을 가르침.

다. 나는 단번에 해치웠던 것이다. 간결하고 엄격한 문체, 가능한 많은 핵심, '아름다운 단어', '아름다운 느낌'에 대한 냉정한 악의, 여기서 나는 내 자신을 알아차렸다. 사람들은 나의 《차라투스트라는 이렇게 말했다》에서도, **로마적** 문체에 대한, '청동보다 오래가는' 문체에 대한 매우 진지한 열망을 다시금 인식한다. 나의 호라티우스와의 첫 만남 또한 이와 다르지 않았다. 오늘날까지 호라티우스의 송가가 시종일관 내게 주었던 예술적 황홀함을 나는 다른 어떤 시인에게서도 느끼지 못하였다. 여기서 성취된 것은 어떤 언어들에서는 결코 **바랄 수조차** 없는 것이다. 소리로서, 장소로서, 개념으로서 개개의 단어들의 모자이크는 좌우로 그리고 전체를 향하여 자신의 힘을 방출한다. 기호들의 범위와 수에 있어서의 최소화는 기호 에너지의 최대화를 달성하였던 것이다. 이 모든 것은 로마적인 것이고, 당신들이 나를 믿는다면, 이것은 가장 **고귀한** 것이다. 이에 비한다면 나머지 시들은 대중적인 것이 되어버리며, 단지 감정의 수다에 불과한 것이 된다.

2.

그리스인들에게서 이와 비슷한 강한 인상을 받은 적은 전혀 없다. 단도직입적으로 말하자면, 그리스인들은 우리에게 로마인들과 같을 **수 없다는** 것이다. 우리는 그리스인들에서 **배우지** 않는다. 그리스 방식은 명령적, '고전적'이기에 너무나 낯설고 또한 너무 유동적이다. 그리스인들에게서 글쓰기를 배운 사람이 한 명이라도 있었던가! 로마인 **없이** 글쓰기를 배운 사람이 있었던가! 플라톤을 들어 나를 반박하지 말지어다. 플라톤에 비하면 나는 철저한 회의주의자이고, 나는 항상 식자들이 통상 **예술가** 플라톤을 경탄하는 것에 동의할 수 없었다. 여기서 나는 고대인 중에서 취향에 대한 가장 세련된 심판관을 내 편으로 하고 있다. 내게 플라톤은 모든 문체 양식을 뒤죽박죽으로 만든 자로 보이며, 그래서 그는 **최초의** 문체 데카당인 것이다. 메니포스식 풍자[24]를 고안한 견유학파 사람들처럼 플라톤은 비슷한 이유에서 무엇인가를 양심에 걸려한다. 플라톤의 대화편, 이 놀랍도록 자기만족적이고, 유치한 변증 양식이 매력으로서 작용하기 위해서는 우리는 훌륭한 프랑스인들의 작품을 읽지 말았어야만 한다. 예를 들면 폰테넬(Fontenelle)[25]을 읽지 말았어야 했다. 플라톤은 지루하다. 결국 플라톤에 대한 나의 불신은 심층에까지 이르렀다. 내가 보기에 그는 그리스인들의 모든 근본적인 본능들로부터 너무 벗어나 있고, 너무 도덕화되어 있으며, 기독교 등장 이전에 벌써 그는 너무 기독교적이다. 그는 '좋음[선]'을 이미 최상의 개념으로 갖고 있으므로, 나는 플라톤이

---

24 그리스의 견유학파(cynic 學派·犬儒派) 철학자 메니포스가(기원전 3세기 활동) 대화체의 풍자에 사용한 산문과 운문이 혼합된 문체이다.

25 Bernard Le Bovier de Fontenelle(1657-1757) 프랑스 작가.

라는 현상 전체에 차라리 '고등 사기'라는 심한 말을 사용하고 싶다. 한편 사람들이 더 듣기 좋아하는 식으로 표현한다면 '이상주의'라는 말을 다른 어떤 말보다 더 사용하고 싶다. 이 아테네인이 이집트인들과 학교를 다녔다는 것에 대하여 (또는 이집트에 있는 유대인들과) 우리는 값비싼 대가를 치렀다. 기독교라는 거대한 액운 속에서, 플라톤은 '이상(Ideal)'이라고 명명된 모호함과 매혹이었으며, 이것은 고대의 고상한 본성들이 스스로를 오해하도록, 이 본성들이 '십자가'로 인도하는 **다리**에 들어서도록 만들었다. '교회', 교회의 구조, 시스템, 실천이라는 개념 속에는 얼마나 많은 플라톤이 여전히 들어있는가! 모든 플라톤주의로부터의 나의 휴식, 나의 애호, 나의 **치료**는 언제나 **투키디데스**였다. 투키디데스와 아마도 마키아벨리의 《군주론》은 아무것도 속이려 하지 않고, **현실** 속에서 이성을 보려고 하는 절대적 의지라는 점에서 나와 가장 비슷할 것이다. 이들은 '이성' 속에서 이성을 보려고 하지 **않고**, '도덕' 속에서 이성을 보려고 더더욱 하지 **않는다**는 점에서 나와 가장 비슷하다. '고전적 방식으로 교육된' 젊은이들이 학교에서의 훈련이라는 것의 대가로, 이들이 인생에서 짊어져야 하는 '이상(Ideal)'이라는 것으로 이끄는 가련한 말치레, 이에 대한 근본적인 치료에 투키디데스만한 것은 없다. 우리는 그의 단어처럼 그의 문장 한 줄 한 줄을 대하면서 그의 배후의 생각들을 읽어내어야만 한다. 배후의 생각들이 풍부한 사상가는 많지 않다. 투키디데스에서는 **소피스트의 문화**가 드러난다. 말하자면 **현실주의자들의 문화**가 완성된 표현으로 드러난다. 사방으로 터져 나오는 소크라테스학파의 도덕과 이상의 사기의 한가운데에서 이 대단히 귀중한 움직임이 나타난다. 그리스적 본능의 **데카당스**로서 그리스 철학. 투키디데스는 위대한 총합이며, 보다 고대의 그리스인들의 본능 속에 놓여있던 저 강하고, 엄격하고, 가혹한 사실성의 최후의 드러남이다. 현실 앞에서의 **용기**가 결국 투키디데스와 플라톤과 같은 본성을 구별 짓는다. 플라톤은 현실 앞에서 겁쟁이이다. 그래서 그는 이상으로 도피하였다. 투키디데스는 **자신을** 통제하였다. **그래서** 그는 또한 사물들에 대한 통제력도 가졌던 것이다.

3.

그리스인들에게서 '아름다운 영혼', '중용', 그리고 또 다른 완전성을 알아채는 것, 그리스인들의 위대함 속에서의 고요, 이상적인 성향, '고상한 단순성'에 감탄하는 것, 이 고상한 단순성, 즉 어떤 독일적 어리석음에서 나를 보호해준 것은 내 속에 있는 심리학자였다. 나는 그리스인들의 가장 강력한 본능, 곧 힘에의 의지를 보았으며, 충동의 억제되지 않는 위세 앞에서 이들이 떨고 있음을 보았다. 나는 그리스 제도들이 그리스인들 내부에 있는 **폭발 물질**에 맞서 서로의 안

전을 보장하기 위한 보호 조치에서 발생하였음을 보았다. 그러고 난 후 내부의 엄청난 긴장은 두렵고도 가차 없는 적대감으로 외부를 향해 발사되었다. 도시 공동체들은 서로를 갈기갈기 찢어버렸는데, 이로써 시민 개개인이 각자 스스로 평화를 찾을 수 있지 않을까 하는 것이 그 이유였다. 사람들은 강해져야만 했다. 위험은 가까이 있었으며, 위험은 곳곳에 숨어 있었다. 휘황찬란하고 능숙한 육체성, 그리스인들에게 고유한 대담한 현실주의와 탈도덕주의는 **필요**이었지, '본성'이 아니었다. 이것은 처음부터 있었던 것이 아니라, 이후에 파생된 것이다. 그리고 예술과 축제를 통하여 이들은 자신이 **우위를 점하고 있다**고 느끼기를 원했으며, 자신이 우위를 점하고 있음을 **보여주기를** 원하였다. 예술과 축제는 스스로를 영광스럽게 하는 수단이었으며, 경우에 따라서는 자신을 두려워하게 만드는 수단이었다. 그리스인들은 독일적 방식으로 그들의 철학자들을 평가하였다. 대충 말하자면 소크라테스학파의 속물성을 무엇이 기본적으로 그리스적인가를 해명하는 것에 이용하였다. 철학자들은 그리스 문화의 데카당들이며, 고대적이며, 고상한 취향에 대한 반대 운동이다(경쟁하는 본능, 폴리스, 종족의 가치, 전통의 권위에 반대하는). 소크라테스적 덕들이 설교된 것은 이러한 덕들이 그리스인들에게서 사라졌기 **때문이다.** 모두 예민하고, 겁 많고, 변덕스러운 희극배우인 자들에게는 도덕이 설교되도록 허용할 만한 아주 많은 이유들이 있었다. 이것이 무언가에 도움이 되었던 것은 아니다. 그러나 거창한 말과 태도는 데카당들에게는 썩 잘 어울리는 것이다.

4.

고대의, 풍부하고 넘쳐흐르는 그리스적 본능을 이해하기 위하여 디오니소스라는 저 경이로운 현상을 최초로 진지하게 받아들인 것은 나였다. 이것은 오직 힘의 **과잉**으로써만 설명될 수 있다. 현재 바젤에 살고 있는 야콥 부르크하르트처럼 그리스인들의 문화를 심오하게 알고 있는 사람은 이러한 설명과 더불어 무엇인가 성취되었음을 금방 알아차렸다. 야콥 부르크하르트는 자신의 《그리스인의 문화》라는 책에서, 위에서 언급한 현상에 대한 독립된 장(章)을 첨가하였다. 우리가 반대되는 경우를 보기를 원한다면, 독일 문헌학자들이 디오니소스적인 것에 다가갈 때 보여주는 거의 흥겹다고 말할 수 있는 본능의 빈곤을 보면 될 것이다. 특히 로벡(C. A. Lobeck)[26]의 책을 보면 될 것이다. 그는 책 사이에서 말라비틀어진 벌레 같은 존경할만한 확실함을 가지고서 비밀로 가득 찬 이 세계로 기어들어왔다. 그리고 그는 구역질이 날 정도의 천박함과 유치함을 학문적인 것이라고 자신을 설득하였

---

26 C. A. Lobeck(1781-1860) 독일의 고전학자.

다. 그는 온갖 박식함으로 이 모든 기묘함들 자체는 아무것도 아니라고 시사하였다. 사실 디오니소스적 축제에 참가한 사람들에게 사제들은 어떤 가치 있는 것들을 전달하고자 하였다. 예를 들면, 포도주는 쾌락을 자극한다든지, 경우에 따라서 사람은 과일만으로 살 수 있다든지, 식물은 봄에 꽃이 피고, 가을에는 시든다든지 하는 것을 전달하고자 하였다. 글자 그대로 고대를 무성하게 뒤덮고 있던 의식들, 상징들, 주신제적 기원을 가지고 있는 신화들의 놀라운 풍요로움과 관련된 문제에서 로벡은 더욱 기발한 생각을 하게 되는 계기를 발견하였다. 《아그라오파무스 Aglaophamus》 1권 672페이지에서 그는 이렇게 말하고 있다. "그리스인들은 다른 할 일이 없을 때 웃거나, 뛰어오르거나, 이리저리로 달렸다. 또는 이들은 주저앉아 울며, 탄식하였는데, 이는 종종 그리스인들이 이렇게 하고 싶었기 때문이었다. 나중에 **다른 민족들**이 와서 눈에 띄는 이런 행위들의 원인을 찾아보았다. 이런 풍속들의 설명을 위하여 수많은 축제 관련 전설들과 신화들이 발생한 것이다. 한편 사람들은 축제의 날 한번 등장한 저 **익살맞은 소동**을 축제에 필수적인 것으로 믿었으며, 이것을 종교적 제의에 없어서는 안 될 것으로서 지켜 나가게 되었다." 이것은 경멸스러운 헛소리이며, 로벡의 견해는 한순간이라도 결코 진지하게 받아들여지지 않을 만한 것이다. 빙켈만과 괴테가 이룩한 '그리스적'이라는 개념을 우리가 검토해본다면, 디오니소스적 예술이 발전하게 된 요소, 즉 주신제는 이 개념과 양립불가능하다는 사실을 우리가 발견한다면, 이 문제는 우리에게 완전히 다르게 다가온다. 사실 나는 괴테가 그리스적 영혼의 가능성에 대한 이런 종류의 해석을 완전히 배제시켰다는 것을 의심하지 않는다. **따라서 괴테는 그리스인들을 이해하지 못하였다.** 왜냐하면 디오니소스적 미스터리, 디오니소스적 상태의 심리에서 그리스적 본능의 **근원적 사실**이 드러나기 때문이다. 즉, '삶을 향한 의지'가 드러나기 때문이다. 이러한 미스터리들을 통하여 그리스인들은 **무엇을** 자신에게 보증하였던가? **영원한** 삶, 영원회귀 하는 삶, 즉, 과거 속에서 약속되고 축성된 미래, 죽음과 무상(無常)함을 넘어선 삶에 대한 승리에 찬 긍정, 생식과 성적 미스터리를 통해서 전체적으로 지속되는 삶인 **진정한** 삶을 보증하였다. 그러므로 그리스인들에 **성적** 상징 그 자체는 경외할만한 것이었고, 고대적 경건함 전체에 내재하는 진정한 심오함이었다. 생식, 임신, 탄생 개별 행위는 최상의 감정들, 장엄한 감정들을 **일깨웠다.** 미스터리에 대한 가르침 안에서 **고통**은 신성하다고 말해진다. '산모의 산고'는 고통 일반을 신성하게 한다. 모든 변화와 성장, 미래를 보증하는 모든 것들은 고통을 전제로 한다. 창조의 기쁨이 존재하기 위해서는, 삶을 향한 의지가 스스로를 영원히 긍정하기 위해서는 '산모의 아픔' 또한 영원히 존재해야만 한다. 이 모든 것은 '디오니소스'라는 단어를 의미한다. 디오니소스 주신제라는 **그리스적** 상징보다 고차원의 상징을 나는 알지 못한다. 이 상징 안에 삶의 가장 심층적 본능, 삶의 미래를 향한 본능, 삶의 영원성을 향한 본능이 체험되고 있으며, 삶 자체를 향한 길, **신성한** 길로서 생식이 체험되고 있다. 성을 뭔가 불결한 것으로 만든 것은 원한과 더불어 삶을 근저에서부터 적대시한 기독교였다. 기독교는 삶의 시작과 전제에 **오물을** 뿌렸던 것이다.

5.

고통이 자극으로 작용하여 흘러넘치는 삶의 느낌, 힘의 느낌으로서 주신제의 심리학은 아리스토텔레스와 특히 우리 시대의 염세주의자들이 오해한 **비극적** 감정 개념을 이해하는 열쇠를 나에게 선사하였다. 비극은 쇼펜하우어가 증명했다고 하는 그리스인들의 염세주의와는 거리가 먼 것이며, 오히려 염세주의에 대한 결정적인 거부와 **반증**이다. 삶의 가장 낯설고도 가혹한 문제들 속에도 여전히 삶에 대한 긍정이 있으며, 삶의 무궁무진함의 최고 형태의 **희생** 속에서도 즐거워하는 삶을 향한 의지에 대한 긍정이 있다. 이것을 나는 디오니소스적인 것이라고 명명했으며, 이것이 **비극** 시인의 심리를 이해하기 위한 연결 다리임을 알아내었다. 비극은 전율과 동정심으로부터 해방되기 위함이 **아니라**, 위험한 정서의 격렬한 분출을 통하여 자신을 정화하기 위함이 아니라—아리스토텔레스가 이렇게 이해하였다―오히려 전율과 동정심을 넘어 **파괴의 기쁨을 포함하는 생성의 영원한 기쁨**이 되기 위한 것이었다. 이와 더불어 나는 애초에 내가 시작하였던 지점인《비극의 탄생》을 다시 건드리고 있다.《비극의 탄생》은 내가 시도한 첫 번째 모든 가치의 전도였다. 여기서 나는 내 의지와 **능력**이 자라나는 토대로 되돌아간다. 나는 철학자 디오니소스의 마지막 제자이자, 영원회귀를 가르치는 선생이다.

망치가 말한다(Der Hammer redet)

《차라투스트라는 이렇게 말했다》제3부 90쪽

"왜 그렇게 단단하지! 언젠가 부엌의 석탄이 다이아몬드에게 말했다. 우리는 가까운 친척이 아닌가?"

왜 그리 연약한가? 오 나의 형제여, 나는 너희들에게 묻노라. 너희들은 나의 형제가 아니라는 말인가?

왜 그리 연약하고, 나긋나긋하며, 느슨한가? 왜 너희들의 가슴에는 수많은 부정과 부인이 있는가? 왜 너희들의 눈길에는 숙명이 그토록 없는가? 너희들은 운명이기를, 무자비함이기를 원치 않는가? 어떻게 너희와 더불어 장차 승리할 수 있겠느냐? 너희의 강함이 빛을 발하기를 원치 않으며, 잘라지고, 잘게 쪼개기를 원한다면, 어떻게 너희와 더불어 장차 창조할 수 있겠느냐? 모든 창조자는 말하자면 단단하다. 밀랍을 눌러 찍듯이, 너희 손이 수 세기 동안 눌러 찍는 것을 복되게 생각하여야만 한다. 청동에 새기듯이 수 세기의 의지 위에 청동보다 강하게, 청동보다 고상하게, 써넣는 것이 축복이다. 온전히 단단한 것만이 가장 고상한 것이다. 너희는 단단해질 지어다! 형제들이여 나는 이 새로운 서판을 너희 위에 걸어둔다.